我们一起解决问题

一开口就让人刮目相看

人民邮电出版社
北京

图书在版编目（CIP）数据

一开口就让人刮目相看 / 曹丽娇著. -- 北京 : 人民邮电出版社，2023.9
ISBN 978-7-115-62500-7

Ⅰ. ①一… Ⅱ. ①曹… Ⅲ. ①语言艺术一通俗读物
Ⅳ. ①H019-49

中国国家版本馆CIP数据核字(2023)第148109号

内 容 提 要

在日常生活、工作和商务沟通中，我们的讲话方式往往会影响到对方的心理感受，甚至影响到沟通结果。站在双方共赢的立场上，用礼貌、恰当的方式去表达，就会让谈话双方都感到愉悦，也更有利于建立更加积极、紧密的关系。

本书作者总结了自己20多年一线主持采访的经验，在书中首先介绍了如何通过对气场的把控、话题的选择、声音和身体语言的调整，来让自己讲的话更有逻辑、更容易被对方接受；其次介绍了如何通过得体的接话方式，建立积极的人际关系；最后介绍了如何通过恰当的回话，达成沟通的目标。

本书适合在日常沟通中对自己的表达能力不满意，希望在这方面有所改善的读者阅读。

◆ 著 曹丽娇
责任编辑 王飞龙
责任印制 彭志环
◆ 人民邮电出版社出版发行 北京市丰台区成寿寺路11号
邮编 100164 电子邮件 315@ptpress.com.cn
网址 https://www.ptpress.com.cn
涿州市京南印刷厂印刷
◆ 开本：880×1230 1/32
印张：6.125 2023年9月第1版
字数：150千字 2024年8月河北第9次印刷

定价：49.80元

读者服务热线：(010) 81055656 印装质量热线：(010) 81055316
反盗版热线：(010) 81055315
广告经营许可证：京东市监广登字20170147号

我为什么要写这本书

我在上一本书《演讲三绝》中，主要介绍的是当众演讲的一些方法和技巧；而在这本新书中，我主要针对的是日常聊天中的场景。

我写这本书的目的，也是我们每个人在聊天时最终要实现的三个目标：

第一，就是有逻辑地表达自己；

第二，就是让对方通过聊天对你产生好感和信任；

第三，就是通过聊天影响他人。

> 我的目标就是让读者看过这本书之后，能够在日常沟通中讲出逻辑、讲出好人缘、讲出影响力。

这本书讲了哪些主题

在聊天中，我们的表达主要可以归纳为三类：讲话、接话和回话。

讲话到位

能否在聊天时讲出逻辑，取决于我们怎么讲话。本书会延续《演讲三绝》中的理念，在聊天中讲求对“场”的把控。

在本书的第一部分，我将告诉你怎么建立聊天的场，让你成为聊天的主动推进者，让你能够挑起话题，把握聊天的节奏，带动聊天者的情绪，让每一场聊天都能跟着你的节奏和你的期许走，保证你在聊天中是完全掌握主动权的。

但是，并不是你说得多，就能掌控主动，而是需要你去做有力量、有影响力的表达。我的这本书可以帮助大家做到这一点。

接话得体

聊天当中能否讲出好人缘取决于你怎么接话，即如何有技巧、有情商地去接话，让别人信任你、喜欢与你交往、合作甚至谈生意。

> 接话的过程应该像打乒乓球一样，你来我往，越聊越开心，而不是越聊越尴尬。

与低情商的人聊天，往往不只是把天聊“死”了，还会把事谈崩了。

好好接话，就是一个讲出好人缘的过程。在本书的第二部分，我会教大家一些工具和方法，让大家在接话的过程中变得特别受人欢迎。

回话恰当

能否讲出影响力，取决于你怎么回话。其实回话比接话更重要，回话是整个聊天过程的一个收口，回话的目标和作用是发挥你的影响力，达成目的。

回话是有目的的，因为既然叫回话，就说明在聊天当中，你的身份地位很可能没有对方高，比如领导问你问题，你要回话；大客户问你问题，你要回话。

好好回话的目标就是讲出你的影响力。通过高质量的回话，我们可以让自己在聊天方面实现进阶。一次恰到好处的回话，可以让领导看到你的真实能力，增加你的升职机会；还有可能让客户对你更加信任，提高成交的概率。

所以，本书第三部分介绍的回话方法和技巧，在我们日常与同事和领导的交往、与客户的洽谈甚至与伴侣的沟通中，都可以发挥作用，帮助我们构建更加积极的社交圈和亲密关系。

与当众演讲相比，日常聊天的场景更加丰富。对每个普通人来说，与聊天相关的表达方法和技巧实用性更强。我真心希望每一位阅读这本书的读者都可以做到讲话到位、接话得体、回话恰当，通过提升自己的表达能力，让领导和同事看到你的真实价值，让大客户对你更加信任，让伴侣之间的沟通更加顺畅。

阅读这本书的目标和价值

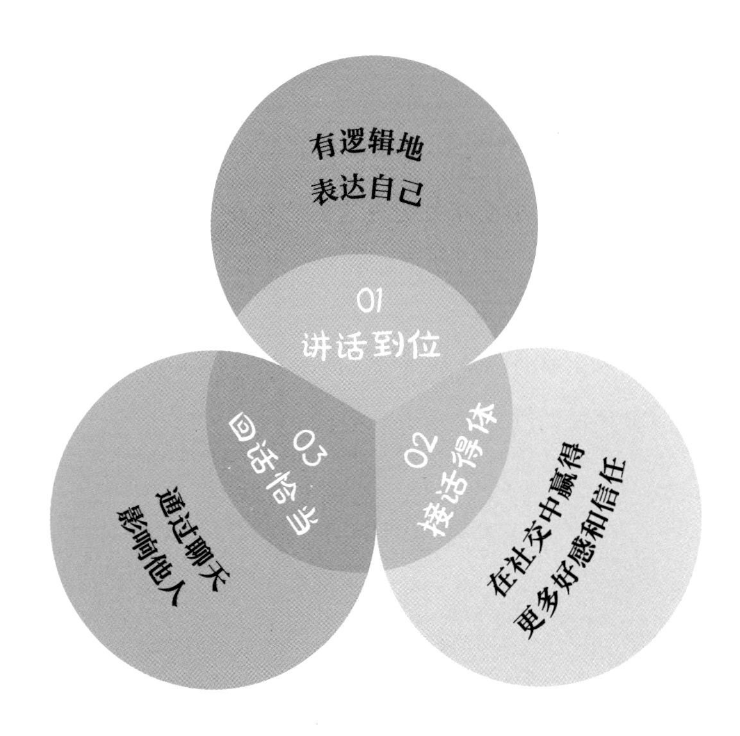

第一部分 讲话到位——讲出逻辑

第一章 讲话之前，先拿捏好聊天的气场

第二章 高情商地表达自己，你说的话别人才会爱听

一开口
就让人
刮目相看

第二部分 接话得体——讲出好人缘

第五章 接话的逻辑

第六章 高情商接话工具箱

第三部分 回话恰当——讲出影响力

第七章 商务社交中好好回话——展示能力，把握机会

一开口
就让人
刮目相看

一开口
就让人
刮目相看

第一部分

讲话到位

——讲出逻辑

第一章

讲话之前，先拿捏好聊天的气场

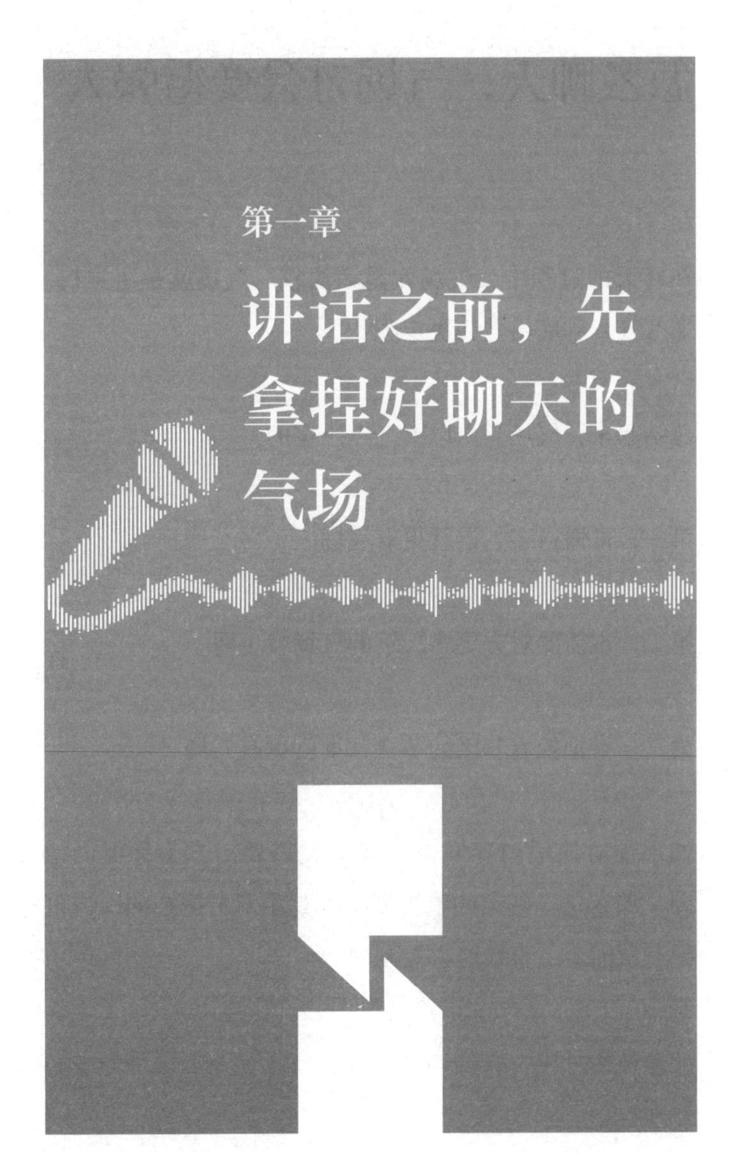

怎么聊天，气场才会变得强大

在聊天的过程中，气场就是话语权，气场就是主导权。那么气场到底由什么决定呢?

总结起来，气场是由以下三点决定的。

第一，谁懂得多，谁就更有气场。

第二，谁需要对方更多，谁的气场就更弱。

第三，谁把控着聊天的节奏，谁就更有气场。

如果你对谈话内容懂得不多，又需要对方为你提供帮助，那么这场聊天的节奏多半都是由对方把控的，你也很有可能会一直被对方控制着。

那么在聊天中，我们如何才能在气场上掌握谈话的主动权呢?

解决这个问题的办法其实非常简单，就是你要在聊天当中展现出自己被对方需要的地方，这个可以通过展现你个人的价值去实现。

你不能只是单方面地有求于对方，你要表现出自己身上有对方不知道或需要的东西，可能表现为知识价值，也可能表现为情绪价值，等等。利用这些价值，你就可以在聊天当中掌控和引领哪怕一小段时间的节奏。

我们举个例子，你想卖一件价格比较高的东西给对方，报出价格后，对方可能会说："哦，这个东西我觉得有点儿贵。"这时你最好不要去解释，如果你说"我觉得它不贵呀"或者"它贵有贵的道理呀"，那么都会变成你在应答，当你处在被问的位置时，你的气场就会变弱。

> 这时正确的做法是，你可以反问对方，在反问的过程中，话语权和谈话的节奏就自然而然地掌控在你手里了。

如果你反问了一个问题，他不知道答案，你就可以借势给他解释，这就体现了你的价值和学识。

所以，你可以这么反问对方："是的，我们所有的客户一开始都觉得它非常贵，但是您知道吗，90%的客户在到处询完价之后，还是会回来购买这个商品，您知道原因是什么吗？"

这个问题问出去，对方很可能会说："哦？原因是什么？"

然后，你就可以跟他讲这个商品的特点和优势。就这样，通过展示你的认知或价值，你就很自然地把控住了话语权。这个时候，你的气场就会更强，你也会更容易在这场聊天中达成目标。

聊天也是一门技术活，需要我们去学习和练习。如果不去学习，那么我们很可能会做很多无效的沟通，拜访100个人跟拜访1个人没有任何差别。

谁在聊天中掌握着气场和节奏

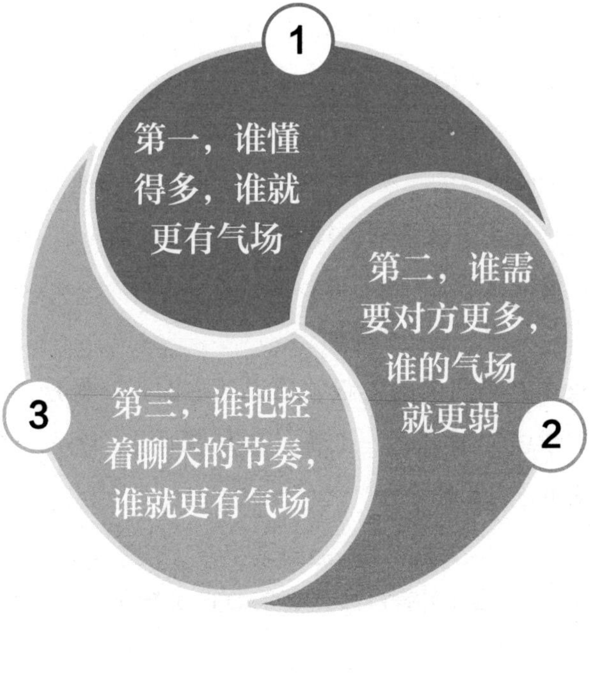

1 第一，谁懂得多，谁就更有气场

2 第二，谁需要对方更多，谁的气场就更弱

3 第三，谁把控着聊天的节奏，谁就更有气场

要想提升气场，必须改变的三个说话习惯

如果你想在说话的时候更有气场，有几个说话的坏习惯是一定要改掉的。

第一个要改掉的习惯是，在说话之前先说“嗯”或者先笑。你一定要让你的表情和你的话同步出来，不要先笑，也不要先说“嗯”。

有很多气场很弱的人跟领导说话之前张口就是“嗯，嗯，张总”。你这么一“嗯”，气场就弱了，你是已经做了错事，自觉理亏吗?

如果你的气场太弱，那么你的建议也很难得到领导的认可。

相反，那些气场很强的人，他们的表情和话语是同时出来的："张总，您好，我想跟您汇报一个事情……"

第二个要改掉的习惯就是常说："我拿不准，您觉得呢？"

我经常讲，只要是在向上社交、向上管理的场景中，你就不要问开放式的问题。这只会让领导觉得："我请你是来干什么的？"只会让对方感觉你是一个没主见、没主意、没判断力的人。

一般来讲，更合适的表达是"我觉得可行，您觉得呢"或者"这件事情我觉得不靠谱，您怎么看"。你要先把你的判断和感觉说出来，然后再问领导的意见。

第三个要改掉的习惯就是，讲话时有太多乱七八糟的点缀词，我们要学会让自己的话干净利落。很多人在说话的时候会带出很多"哎呀""这个""那个""啊"之类的点缀词，这些词会让你的气场变弱。

我们要学会把自己的话讲得非常干净，说的每一句话都

是有意义的，少用那些无意义的过桥话，语气词、助词、副词都要少用。

> 在商务社交场合中，聊天讲究的就是干练。

如果你想让自己说话时显得很有气场、掷地有声，说出来的一个字就是一个字，一个词就是一个词，那么这三个坏习惯都是需要你通过刻意练习去改掉的。

会让气场变弱的三个说话习惯

坏习惯 1 在说话之前先说“嗯”或者先笑。

坏习惯 2 跟领导汇报时说：“我拿不准，您觉得呢？”

坏习惯 3 讲话时带有很多点缀词。

怎么跟气场强的人聊天

在聊天中，很多时候我们需要面对的是身份、地位、年龄、阅历都比我们高的人，这些人的气场往往也比我们强。面对这些人时，我们该怎么表达自己，掌控谈话的场域呢?

下面我教大家四个方法。

第一个方法就是妆容简单干净，服装既大方又简单。比如西装就是很好的选择，无论是男士还是女士。

第二个方法就是注意自己的眼神。这有点像武侠小说中的高手对决，很多时候两个人都不说话，也不动手，只是凝视着对方。与高手对谈时，眼神交流很重要。

> 我们应该眼神坚定，充满尊重，然后直视对方的眼睛，一定不要躲闪对方的目光。

第三个方法就是少说话、多微笑。如果你的话很多、很密，就比较容易让对方抓住你的漏洞。所以，在谈话的过程中，你应该多听少说，但是在听的时候要面带微笑。

第四个方法就是在对方给你时间回答问题的时候，你的表达一定要短小精悍，用倒金字塔的方式，把最重要的内容先说出来，直接回答对方的问题，给到对方想要的信息。如果对方延伸追问，那么你可以再去详细地阐述他追问或感兴趣的部分。

按照这四个方法去做，在面对各种气场强大的人时，我相信你都可以控制住场面。

与气场强的人对话，你需要掌握的四个方法

方法一

妆容简单干净，服装既大方又简单。

方法二

眼神坚定地凝视对方。

方法三

少说话、多微笑。

方法四

用倒金字塔的方式简明地表达观点。

如果天生气场弱，如何增强自己的聊天气场

很多人常常抱怨自己天生气场太弱，老是被当作透明人。主要表现是：在工作当中不被看到，在家里面也一样，说什么话都容易被别人直接否定。

有这种苦恼的人大概率患有“社交恐惧症”。这些人往往见人不敢打招呼，所以别人也常常会“看不到”他们。

怎么解决这个问题呢？

我建议有这种苦恼的人努力完成三个任务。

第一个任务：每个星期甚至每天都主动向两个不认识的人问好。

当你进入一个陌生场合的时候，可以主动跟其中的一个人说："你好，我是……"问好的时候要保持微笑。

[第二个任务：每个星期尝试进行一次对自己来说比较艰难的对话。]

比如到餐厅的时候，你可以尝试跟服务员沟通协调，换一个靠窗的、舒服的、安静的、景观很好的座位。在单位开会的时候，你可以尝试第一个举手发一次言。

这些做法都会增强你的存在感，也会增强你的自信与气场。

第二个任务很重要，我建议你在沟通或发言的过程中试着练习和运用一些非语言的身体技巧与表情技巧。

比如，坐着的时候就要坐直，要坚定地直视对方的眼睛，不是鼻子、不是嘴唇，也不是下巴或其他什么地方，就是直接看对方的眼睛。

第三个任务：学会说“不”。

当别人提出一个你内心很不想去做的事情时，不要再委屈自己、迎合别人，你可以看着他的眼睛跟他说：“对不起，这件事情我做不了。”

只要完成以上这三个任务，你的气场就会实实在在地增强，让你不再是一个透明人。

完成这三个任务，你的气场会越来越强

01 每个星期甚至每天都主动向两个不认识的人问好。

02 每个星期尝试进行一次对自己来说比较艰难的对话。

03 学会说“不”。

聊天高手必须气场收放自如

真正的聊天高手，是那种可以随着场景和对象的变化调整自己讲话方式的人，这就是我们常说的“到什么山上，唱什么歌”。

需要说明的一点是，这种入乡随俗的讲话方式，并不代表某个人特别油滑。普通人或者说聊天能力一般的人，在跟别人见面的时候，可能先盘算的是对方的认知地图，也就是考虑对方擅长的知识领域在哪儿，对方的认知有多高。然后，他会用跟对方的知识体系和认知高度差不多的方式去说话。

但是我觉得，真正的聊天高手在跟别人面对面谈话的时候，首先感受的是对方个人的气场。

一个人在说话的时候往往会表现出与他不说话的时候不一样的、独特的一种性格，我们可以把它叫作交流上的性格。这种聊天中展示的性格，每个人都不一样。

比如，一个人不说话的时候，别人觉得他是一个特别安静的人。但是当他说话的时候，别人会觉得他是一个特别灵动的人。很多人在说话的时候和不说话的时候，性格表现是很不一样的。

又如，我不说话的时候，别人可能觉得我是一个很高冷的人。但是当我说话的时候，他们会发现我是一个很简单、像个孩子一样的人。

[聊天高手会先掌握对方说话时的这种独特性格，然后根据对方的谈话性格调整自己的气场。]

所以，每个人在谈话时，都要有大的气场、中的气场和小的气场，或者有强气场、有弱气场，有引导的气场、有倾听的气场。聊天高手在面对不同的人时，表现出的气场是不一样的。

当看到对方说话的语气不是特别自信时，你就要把自己的气场调弱一点，否则对方就会觉得你的气场太强，压制了他，从而产生防御心理，导致双方难以达成一致意见。

聊天时的气场需要根据你与聊天对象的关系，以及你在聊天中要达到的目的、诉求的不同去收放。

假使你是一位销售人员，如果客户的气场特别弱（其实对你来说也许是一件好事），这时，你就可以传达给对方这样的信息："我是专业的，我是权威的。"尤其是在销售谈判的最后阶段，你可以利用这种控制气场的方法促进最后的签单。

但如果你是第一次跟客户见面，需要破冰，你就需要稍微收一收气场，否则对方会觉得你这个人太厉害，难以相处。

再如，你跟某个领域的一位大咖谈话，对方的气场一般来讲是比较强的。这时，你就没有必要强撑着要让自己的气场强过对方，因为对方一眼就会把你看穿，这时你就会很被动。其实，这时更合适的做法是，把自己的气场调节成一个学生的气场。

总之，聊天高手首先会对聊天对象的谈话性格做一个判断，之后再决定用什么样的气场跟对方沟通。判断的依据就是你在这个聊天过程中要达到的目的。这就像田忌赛马一样，想要达到什么样的目的，就拿什么样的马去跟对方比拼。

在这个过程中一定要记住一个原则，就是这种气场一定不是对抗性的，一定要在融洽、舒服的氛围当中，形成一种良性的互动和循环。

再高阶一点，聊天高手在谈话过程中，还会根据对方气场的变化来调整自己的气场。两个人在交流的过程当中，有可能说着说着，对方就放下了心理防备，表达也更自如了，气场也更强了。聊天高手会根据这个变化来动态地调整自己的气场。所以，真正的聊天高手其实会以收放自如的状态去聊天。

更具体一点儿说，气场的表达与调整包括眼神、坐姿状态、声音的大小、语速的快慢，等等。比如你想把气场调整得弱一些，你就可以把身体放低一些，语气变得更温柔一些，声音变得小一些，语速放慢一些。如果你想把气场调整得强一些，反过来做就可以了。

聊天高手在谈话中如何控制自己的气场

判断对方的谈话性格

根据聊天过程中对方状态的变化，动态调整自己的气场

从聊天的目的出发，确定自己要呈现的气场强弱

阿伦森聊天法

阿伦森是全球知名的社会心理学家，他在自己所写的《社会心理学（第10版）》里曾提到过一个有关人际交往的心理学实验，我从中受到了启发，把它用到了人际沟通中。

如果我跟你是第一次见面，那么我跟你聊天的基本模式可以归纳为四种。

第一种是我在见面过程中，从头到尾都夸你。

第二种是我先夸你，然后说一些你不太好的地方。

第三种是我从头到尾都在贬低你。

第四种是我先提出一些你不太好的地方，或者先让你觉得我比较冷漠，然后开始慢慢地由贬低你变成夸奖你。

阿伦森曾设计了一个这样的实验，他想要发现，在哪种聊天模式下，对方会对“我”有更好的评价和感觉。

很多读者可能会说：“一定是第一种模式给对方的感觉最好，因为是从头到尾一直在夸对方。”这个说法比较符合直觉，也有一定道理，但阿伦森的实验结果却证明，这个直觉是错的。实际上，在第四种模式下，对方对“我”的评价和感觉是最好的。

回到日常生活的交往中，我们发现这个实验结果其实是有一定道理的。

每个人都希望自己给其他人的第一印象是受人喜爱的。比如一个女孩子打扮得漂漂亮亮地出现在一个男生面前，如果这个男生一开始对这个女孩表现得有一些无视，那么这个女孩反而会想：“我打扮得这么美，他看我为什么不是眼前一亮？”这时，这个女孩就会不自觉地想要用更多的方法去吸引对方，也会更关注对方。这就是阿伦森效应告诉我们的一个日常交往中的道理。

其实聊天也一样。当与其他人第一次见面时，你可以先

有意表现得“冷”一点，这反而会让对方不自觉地更加关注你，对方也会展示出自己更多的优点来吸引你。

说得更深一点，应用阿伦森效应，就是在见面的一开始，让对方对你的第一印象期待落空。

当对方展示出更多内在的优点，谈话也进行了一段时间之后，你再开始夸奖对方，这时给对方的感觉会更好。

因为这时对方会觉得，你的夸奖不是虚伪的，也不是那种寒暄式的，而是你真的被他的人品、学识或其他更本质的东西所打动。

所以，当你第一次跟一位陌生人聊天时，无论对方的名望有多高，你们两个人的身份地位有多悬殊，只要你能在谈话中恰当地使用本节介绍的这个“阿伦森聊天法”，就会收到很好的效果。

初次见面时聊天的四种基本模式

01
从头到尾一直夸奖对方

02
先夸奖对方，再指出对方的一些缺点

03
从头到尾一直贬低对方

04
先说对方的一些缺点或保持冷漠，然后慢慢地由贬低变成夸奖

第二章

高情商地表达自己，你说的话别人才会爱听

记住这七句话，高情商地表达自己

第一句：说话时只要微笑，声音就会立刻变得有温度。

无论是面对面交流还是打电话或微信语音交流，我们都要面带微笑。这个微笑其实是做给我们自己的，只要我们面带微笑说话，对方就会感受到我们声音中的温度，无论他是否看到了我们脸上的表情。

第二句：说话的时候稍微加点气声，声音听起来就会更有磁性。

这个需要我们平时多练习，我在《演讲三绝》里面介绍了相关的方法，大家可以去看一下，还可以扫描那本书里面的二维码，观看我的视频讲解。

第三句：说话速度稍微慢一点，你看起来就会更优雅。

这个很好理解，就不多解释了。

第四句：需要显示权威的时候，你就停顿一下。

适当的停顿可以让对方将分散的注意力收回来，集中到你接下来要说的话上，这样也在无形中加强了你的权威感。

第五句：需要展示亲切的时候，你就让眼神闪烁起来。

聊天不只是口头语言交流，还需要使用很多身体语言，比如眼神的交流。闪烁的眼神可以拉近你与对方的距离，让你表现得更加亲切，也会让对方更容易赞同和理解你的观点。

第六句：见谁都不用紧张，因为你一紧张，他就会轻视你；你一放松，他就会喜欢你。

在一些商务社交场合，尤其是拜访身份地位高于自己的人，或者去跟一个重要客户会面时，我们会下意识地表现得比较紧张，这不仅会分散我们对谈话内容的注意

力，还会让对方认为我们不自信、不专业，看低我们。如果我们能放松下来，把注意力集中到对方的谈话内容和我们给对方传递的价值上，反而会让对方更加喜欢跟我们聊天。

第七句：无论对方是谁，都要把第一次见面当作第三次见面对待。

很多人在与别人第一次见面的时候，不知道应该怎么把握见面时的感觉。

如果你表现得太热情，对方会觉得你有些虚伪；如果你表现得过于冷淡，对方又会觉得“这个人好难接近”。

所以，你应该把第一次见面当成第三次见面，这种感觉其实是最合适的。在见面时，你可以在内心给自己一个心理暗示：“虽然我们今天是第一次见面，但我觉得好像是第三次见面了。”从这种心理定位出发，你说话的感觉、表情以及聊天的方式、技巧，都会让对方觉得是恰到好处、很舒服的。

高情商表达的七个要点

01 **说话时只要微笑，声音就会立刻变得有温度。**

02 **说话的时候稍微加点气声，声音听起来就会更有磁性。**

03 **说话速度稍微慢一点，你看起来就会更优雅。**

04 **需要显示权威的时候，你就停顿一下。**

05 **需要展示亲切的时候，你就让眼神闪烁起来。**

06 **见谁都不用紧张。**

07 **无论对方是谁，都要把第一次见面当作第三次见面对待。**

三次夸奖法，让你高情商地夸人

大家都知道在聊天中情商很重要，也都知道夸奖别人的重要性，但现实中却是有的人会夸，有的人不会夸。有时真的是夸得不好还不如不夸。

在本节，我要教给大家一个高情商的夸人方法，叫作三次夸奖法。具体来说就是，针对一个点，夸奖对方三次。

比如，我剪了一个新发型，你如果见到我，想要夸我的发型，你应该怎么夸？

第一次你可能会说：“哎呀，娇姐，你剪头发了，这个发型真适合你，好看。”这是第一次夸，这时我想大家一般也都是这么夸的，我可能不会有什么印象，接着咱俩就开始聊天。

聊了一会儿，你又开始夸我的发型：“娇姐，我越看这发型越喜欢。我跟你说，你这头发剪得太好了，特别适合你，而且显得你瘦了，把你的气质完美地呈现出来了。”这是第二次夸，这次我可有点走心了：“我这发型有她说的这么好看吗？怎么又夸一遍？”

接着该干啥干啥，又聊会儿天，你第三次夸我的发型：“娇姐，这个发色也适合你，这挑染怎么挑的？你刚才说话的时候，我突然发现里边还有挑染的部分。”被夸到第三次的时候，我可能真的会控制不住自己，心里会想：“这发型真的有那么好吗？简直就抢了我学识的风头了。”

针对一个点，夸三次的好处是什么？

第一，这样的夸奖真的可以触动对方，让他觉得自己在这个方面是真的好，之前不太信的事儿都信了。

第二，相声也讲究“三番四斗”，夸人夸三次，真的会让别人从最开始的开心变成欣喜，然后变成欣喜若狂。你这是夸我的发型，你要是这样夸我身上的这件衣服，连夸三遍，我可能就会说什么都要换下来送给你。

这个三次夸奖法大家可以在平时聊天的时候用起来。如果一开始觉得不会用，就先从夸自己三次开始。

马斯洛降维夸奖法

夸人绝对是一个技术活，高情商的人都是夸人的高手。在本节，我会详细讲解一下我夸人的独家秘籍。

普通人会习惯性地夸自己看见的，而我会夸我感觉到的；普通人会把一个人当成独立的个体去夸，而我会夸别人对我的影响力。所以我把这个方法叫作“马斯洛降维夸奖法”。

马斯洛提出的人类的五大需求，很多人应该都是知道的，就是生理需求、安全需求、社交需求、尊重需求和自我实现的需求。

普通人往往只会夸对方的生理需求，比如，“你长得好漂亮”“你的裙子真好看”“你身材真好”。这种夸奖方式，其实是比较初级的。

> 我怎么夸别人呢？我会从尊重和自我实现的需求层面来夸奖别人。

比如，当我们说一个人“明明可以靠脸，却偏偏靠才华获得成功”时，这个人会更开心，因为他觉得我们夸奖的是他的能力和社会价值，满足了他自我实现的需求，这就是更高阶的夸奖方式。

再如，一位男士要是直接夸一个女士漂亮，就显得有点轻浮。但如果换一个夸奖的角度，效果就会大不相同：“天啊，我真的希望我太太能够认识你，我觉得她如果认识你，她的衣品、她的颜值肯定会飙升。”

这就是比较高阶的夸奖方式，他把这个女士夸成了他太太的老师，这个夸奖的角度可以让对方感受到自我社会价值的实现，感受到自己是可以影响他人的。

同理，如果一个销售人员直接夸女性客户外貌好看，就太简单了。

更有效的夸奖方式是："遇到您这样的客户，我真的觉得特别幸运，每次跟您见面我都觉得能够学到特别多的东西。"这样就把客户夸成了老师，满足了客户的社会价值需求。

掌握了本节讲的马斯洛降维夸奖法，你跟别人聊天时，大概率都会给对方留下良好、深刻的第一印象，成为一开口聊天就能够成事的社交牛人。

模仿聊天法，瞬间拉近距离

我观察过很多会聊天的、高情商的人，他们都经常用的一招就是模仿聊天法。

只要学会了这个方法，你不需要多会说话，在聊天时也能做到让对方对你有天然的好感。

> 这个方法的底层逻辑是：一个人喜欢另外一个人，一定是因为对方身上有跟他相同或相似的东西。

比如，两个人的口味相似、兴趣相投，或者是老乡，是从一个地方出来的，两个人发现彼此的相同之处后，好感都会加倍。

人们往往会因为这种“同频共振”和相似感而互相产生好感，这就是模仿聊天法的底层逻辑。

这个方法有三个要点。

第一，模仿姿势。

比如，你发现我在聊天的时候喜欢双手交叉撑在桌面上这个姿势，有一种建筑感，所以你跟我聊天的时候，也可以用类似的姿势，这会让我觉得咱们俩是一路人。因为每个人的聊天姿势，本质上都是他生活习惯和文化背景的体现。

吃饭时也一样，你可以观察对方用餐的方式，然后也采用相似的方式用餐，这会让对方增加对你天然的好感。如果对方吃烤鱼时很仔细地将鱼分成一个个小块，分完一面再分另一面，而你却拿着筷子大口地吃，那么他可能就不太容易对你产生好感。

第二，模仿说话的节奏。

每个人说话都有自己的节奏，如果我说话偏快，你跟我聊天时说话跟我一样快，我就会对你有更多的好感。我会觉得，咱俩对脾气、性格都爽快。如果我慢慢地说

话，你也慢慢地说，我就会觉得，你这个人让我感觉好舒适啊，跟你在一起没有压力。

第三，模仿口头禅。

每个人的口头禅代表的其实是他内心深处的一个小小的喜好。我们工作室曾来过一位特别有名的主持人，全国都知道的那种有名。平时她在电视上的状态一向都是优雅大气的，但是我们私底下聊天的时候，她偶尔会有一点小粗口爆出来。如果她先飙出来这么一句，我在后续跟她聊天的过程中，也找机会飙这么一句，她就会觉得："你也不端着，咱俩是一路人。"

如果她说了这一句粗话之后，你一直文绉绉地谈话，特别有礼貌，那么对方会对你产生一种疏离感。

所以，记住并用好模仿聊天法，你就会获得好人缘，让别人在跟你聊天时，无形中增加对你的好感，这样整个聊天的氛围也会很愉快。

模仿聊天法的三个要点

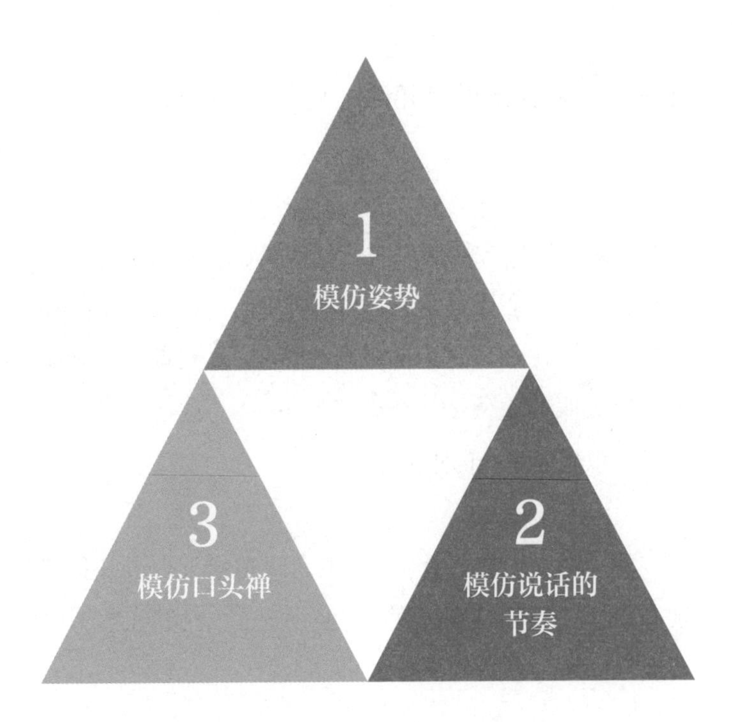

聊天时加上对方的称呼，好感加倍

这是我在演讲时经常使用的一个技巧，在日常聊天中也是适用的。

我在做长时间的大段演讲时，比如要讲一到两小时，我经常使用的一个技巧就是，在演讲中时不时提到某些具体的观众。比如“这边的观众注意了”，或者“我看那个穿绿衣服的小伙子，今天好像……”，这在无形中拉近了我跟现场观众的距离。

其实聊天时也一样，比如，“王老师您今天来了，我特别高兴……我们特别感谢王老师……”，我们在聊天时要经常提到对方的名字或称呼。

[人们对自己的名字或称呼往往特别敏感，经常提到他们的名字或称呼，就能把对方的注意力拉回到谈话中，拉回到你控制的这个聊天的场域中。]

所以，如果你简单地说“谢谢你”，对方可能不太会有感觉。如果你说“谢谢你，王老师”，对方就会更有感觉，因为这让对方体会到了被尊重的感觉，对方会一直在这个聊天的场域中保持专注。

别让你的聊天毁在最后一句话上

在聊天时，我们要特别注意的一件事就是：千万别让你的聊天毁在最后一句话上。

很多人在跟女朋友、同事或者其他朋友微信聊天时，整个过程都聊得很好，但往往就是因为最后一句话没说明白，让聊天的效果大打折扣。

这些人往往把聊天的最后一句话说得非常生硬，让整个聊天有戛然而止的感觉。

比如，在微信里说“我还有事儿，就这样吧”，对方心里会想：“啥意思啊？你有事儿，我就没事儿啊？”

或者在微信里说“不说了，再见”，对方会觉得：“怎么了就不说了？我这儿还打着字呢，你就不说了，我这消息是撤还是不撤、发还是不发？”

或者在微信里说“我有点忙，回头聊”，对方会觉得：“我耽误你事儿了，是不是？我这就不忙，对不对？”

不管你们之前聊得多么开心、尽兴，只要用这些话来结束聊天，整个聊天的效果都会毁于一旦。所以我们一定要知道最后一句应该怎么说。好的结束语一定要表达出恋恋不舍、迫不得已的感觉。

比如，我们可以这么说：“哎呀，跟你聊天太愉快了，我还想跟你再多聊一会儿，但是不行，我得马上去工作了，否则我今天就交不了差了。”

这个是迫不得已，大家都能理解。

所以聊天的最后一句话，你可以说得稍微多一点，这可以给对方一个缓冲，不要只打几个字或只用简单的一句话就一下子把对方打发了。

还有一些比较好的结束语可以用，比如，“天啊，咱俩都聊了这么长时间了，我以为就聊了一会儿呢，你是不是该去忙了？你快去忙吧，回头咱俩再聊”。这种表达，

也传递了你为对方着想的意思，是他忙，不是你忙。

按照这个逻辑，我们还可以说："刚才好像听你叫了一个外卖，外卖到了吧？你赶紧去吃饭，饭凉了就不好吃了。"

类似这样的说法都可以，注意要把握的一个核心原则就是我在前面说的，要表达出恋恋不舍、迫不得已的意思，要为对方着想，这种聊天的结束方式就是高情商的。

聊天结束之后的反馈比聊天更重要

我有一个朋友，现在在一家知名的五星级酒店做副总经理。最早我认识她的时候，她在丽思卡尔顿酒店做公关经理。

我发现，这些五星级酒店的高管，在待人接物上真的是特别懂得高情商的技巧。我从第一次跟她见面，一直到现在，每一次我们见面谈完分开之后，最多不会超过半个小时，她一定会发过来一段文字。

在这段文字里，她一般会总结一下今天见面的感受，比如"亲爱的，真的是意犹未尽。我今天跟你聊天，觉得时间真是太短了，但是我又学到了很多，我觉得你真的一直就是我的榜样，一直在激励着我"。

我每次跟她聊完天，她都会发来这样一段话，有时这个

反馈甚至比聊天更重要。

套用一个段子来说，讲话或者聊天达到这种效果，就相当于回头率达到了“百分之两百”。

什么叫“百分之两百”？

> 就是你所讲的话，不仅让对方在现场的时候听进去了，而且让对方回到家里之后还在琢磨，还在想。这是一种念念不忘的感觉。

这说明你对对方的影响力是持久的，你俩见面又分开之后，在长达半个小时的时间里，他还在回味你们的谈话，这意味着你的讲话水平很高。其实这也有可能只是对方的一种沟通习惯，但这给你的感受非常好。

所以我们在与别人会面聊天之后，也可以养成给对方一个书面反馈的习惯。

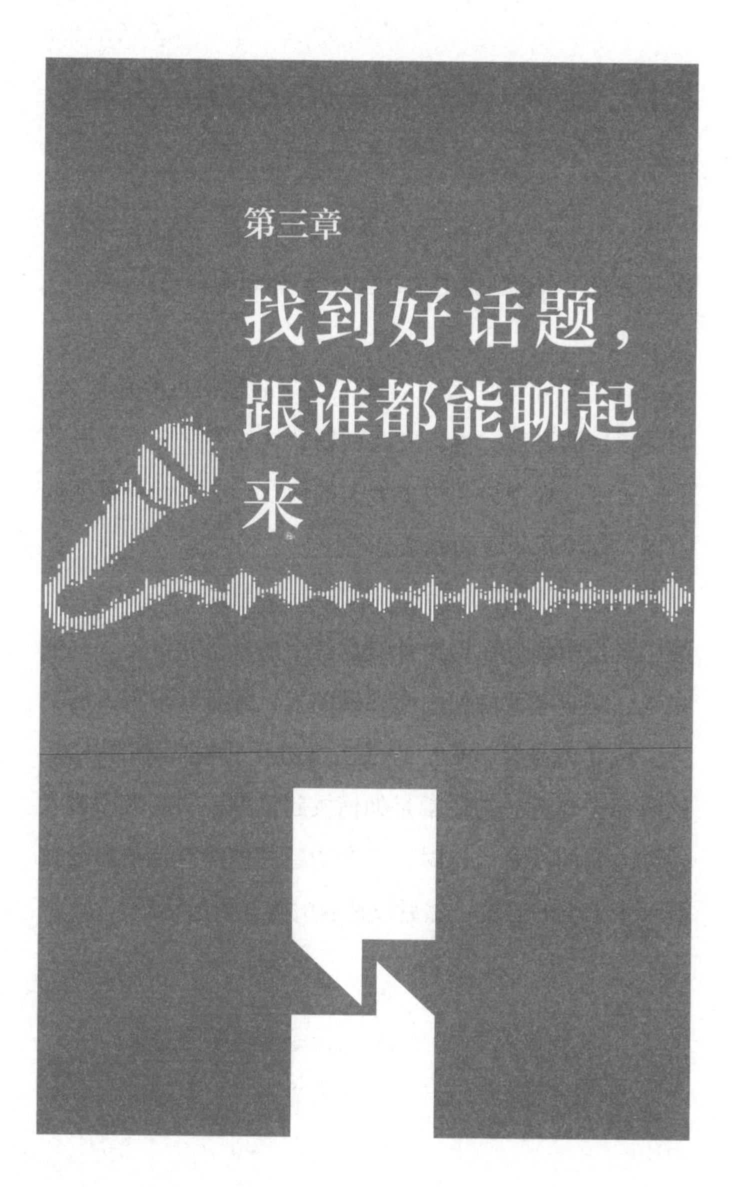

第三章

找到好话题，跟谁都能聊起来

商务社交场景中，怎么引起话题

在考虑如何引起话题之前，你先要明确两点。

第一点是明确你在这个场景中发起话题的目的是什么。明确了目的之后，再去发起话题，这样的社交才是有效的。否则，如果讲了很多无关的话题，达不到商务上的目标，就浪费了时间和机会。

第二点是明确你在这个社交场景中的身份和定位。一般来说，需要考虑如何引起话题的人，都是有求于人的一方，或者说是在身份、地位方面处于相对弱势的一方。这时你需要考虑的通常是如何发起话题，引起大家或者关键人物的注意。这时，一个明智的做法就是把自己放到一个学生的位置，然后以请教的方式引起话题。

> 因为事业非常成功的人，比如很多大企业家，他们的人生目标就是成为“老师”。

所以很多企业家都喜欢去大学的商学院讲课，从根源上来说，就是他们特别想给别人赋能，发挥自己的影响力。

比如，在某个聚会上，你有机会见到某位企业家张总。那么在聚会之前，你需要关注张总的微信朋友圈，比如最近拿了什么奖，刚刚看过什么书、什么电影，去过哪里考察，这样做的目的是让对方感觉到你在持续关注他，而且在一段比较长的时间里被他影响。

这样你在聚会上就可以说："张总，前两天看您朋友圈，您也看了刚刚上映的《蜘蛛侠：纵横宇宙》。我感觉这个电影好深，看了您的影评，我觉得同样是看电影，我们就看了一个寂寞，张总您却看出了人生的深度。"

从生活中近期发生的一件小事入手，向对方请教，这就是一种比较好的发起话题的方式。

你还可以说："张总，我今天终于有机会见到您了，早就听说您的创业过程像传奇一样。您15年前确实是负债来北京的吗？"

类似这样的内容，对方其实是很愿意说的。

我之前在电视台当主持人的时候采访过很多名人，我发现，越成功的人越愿意聊他人生中最悲惨的那段时光。比如一些知名的演员，他们最愿意跟你分享的就是在北京住地下室时的经历。

所以，如果你能用这种提问的方式，让对方敞开心扉跟你去讲一件事儿，就很容易破冰成功。对普通人来说，在商务社交场合，最好的发起话题的方式其实就是从对方最近感兴趣的事物或者对方过去的低谷经历入手，然后以学生的态度去询问，让对方打开话题，一定不要急着表现自己。一味地推荐自己，只会让对方反感。

见大客户适合谈哪些话题

很多人在与大客户打交道的时候，都会有一种矛盾心理：一方面想努力让对方对自己感兴趣，让对方看到自己的价值；另一方面又因为对方是大客户，因此比较依赖对方，在表达的时候往往会表现得比较拘谨。

当你去见大客户的时候，其实对方心里特别清楚，他是甲方，在谈话过程中拥有绝对的主动权。在这个过程中，你想去影响他其实是很难的。因为谈判也好，最后的成交签单也好，如果双方的地位是不平等的，你完全没有主动权，那么只能人家说什么就是什么。

> 要解决这个问题，最简单的方法就是：转换关系。

下面我举一个特别简单的例子来讲讲这个方法如何使用，这是我自己亲身经历的一件事。

好多年以前，我曾受邀去天津主持一个特别大的商业中心的落成仪式。

在这个活动中，我其实是接活儿赚钱的乙方，或者说，我只是一个打工的。而甲方也就是这个商业中心开发商的参会代表是他们集团华北区公司的董事长，当时就坐在观众席的第一排。

我当时还是一个没那么有名气的主持人，而这个活儿的报酬也不少，甲方的大领导又坐在下面，我其实特别希望让他看到我的能力，下一次有类似的活动可以再找我。

因为这场活动规模很大，我要做的准备工作很多，所以不能像别人那样，早早等在现场，看到董事长来了，就赶紧围上去介绍“我是谁谁谁，跟您合作特别愉快，希望下次再来找我”。其实这是没有意义的社交，根本就不可能让他下次再找我。

但是，我当时确实希望给他留下深刻的印象，在他面前展现我作为主持人的与众不同的实力。

这时，我想到的办法就是转换关系。

表面看起来，我们之间是临时的雇佣关系，他付钱给我，我给他打工。

但其实我们之间还有另外一层关系：他是这个商场的开发商，而我还有一个身份——我是商场的客户。

当我找到了这个关键点之后，在这个关系里，我就变成了“上帝”——我是顾客，所以我是“上帝”。

因此，我当时在主持台上是这么说的：

“今天早上来到这个商业中心的时候，我真的是大吃一惊，因为我从来没有想到，在天津这么一个可以说寸土寸金的地方，居然有人把商场做得像一座博物馆一样，这么任性。

“所以我在想，这个商业中心的设计者一定不是以赚钱为第一目的的。他应该是想告诉天津的市民，在未来，我们的生活就应该是这样的，这是一种很高阶的生活方式。所以我真的想向这样一座建筑的开发公司致敬。因为你们不是把‘利’放在第一位，你们是在做一件有大爱、有责任感的事情。所以请允许我代表所有的天津市民，在这里向××××致敬。”

活动结束之后，这位董事长直接走到我面前说：“主持人您好，真的感谢您，我们能够请到您，真的太好了。这是我的名片，以后我们的其他大型活动，还会邀请您来主持……”

通过转换关系，我就这样实现了被动社交，结识了一个大客户。

放到其他场景中，这个转换关系的方法也同样适用。比如你去见一个大客户，如果他的公司是做餐饮连锁店的，那么你可以先办一张这家餐饮店的会员卡，也可以在见面的时候表示改天会带朋友过来吃饭。

如果对方是一家面膜企业的老板，那么你可以告诉他说："我一直用你家的面膜，效果很好。"

当你成为他的客户之后，你们之间的关系立刻就变了。你只需要花一点点小钱就能实现关系的转换。首先他会觉得欠你一个人情，之后他就会觉得你已经是他的客户（"上帝"）了。

所以我觉得这是一个更高级的社交方式，不需要见了大客户就过分地夸奖对方、给对方戴高帽子，这样反而会让对方轻视你。当然，夸奖还是必要的，但要夸得有一点点深度。

总之，越是见大客户，越要让他们感觉到你的不卑不亢，不能让对方感觉到你对他们的依赖。

千万要回避的话题

在聊天的过程中，如果说有哪些话题千万要回避，我觉得首先是地域类的话题，因为很容易踩到所谓“地域黑”的坑。

很多人在聊天时会有意地去攀同乡，比如“您是东北人呀，我也是东北人”。然后就会继续说东北人如何如何好，怎么怎么样。但接下来很容易就会说：“哎，你看××省的人就不如东北人……”

你觉得你是在跟他拉近关系，但是你只看到他是东北人，很可能他爱人就是你说的那个××省的人。

我在一些社交场合中就遇到过这样的人，张嘴就说：“你们东北人好，××省的人不行……”结果旁边有个一直没说话的人就是那个××省的，场面非常尴尬。

因为有很多背景信息是你不知道的，所以我觉得聊地域方面的话题时一定要慎重，或者说尽量回避地域方面的话题。

其次就是政治类话题不要碰，这个就不多讲了。

最后就是一些非常引人关注的、涉及个人价值观的社会话题尽量不要聊。

有一段时间，有关结婚彩礼的话题，社会上讨论得比较多，但其实如果你和对方不是特别好的朋友，没有特别深的交情，那么尽量不要聊这方面的话题。因为婚姻、恋爱都是比较个人化的话题。比如有个新闻说女孩管人家要100万元的彩礼，这个话题就不适合在社交场合里聊，因为无论你说这个彩礼金额高了还是低了，都不合适。

除非你想深刻地了解对方的底层价值观和他真正的、隐藏的“三观”，你才可以用这种话题去试探。

如果只是平常的商务交往，就不适合用这类话题去试探

对方，这类话题很容易引起立场上的对立和矛盾，这会让对方感觉到“咱俩不是一类人”，容易聊着聊着就聊崩了。

所以我觉得，在普通的商务社交中，有关地域的话题、政治类话题和关注度极高的社会话题，能回避就要尽量回避。

聊天时要尽量回避的三类话题

地域类话题

政治类话题

非常引人关注的、涉及个人价值观的社会话题

第四章

如何让自己在讲话时充满魅力

如何迅速提升自己说话时的魅力

我们平时说一个人上镜，其实并不是说她五官有多好看，也不是说她拍平面照很美，而是说她在动态说话的时候很好看，充满魅力。

在本节，我要给大家介绍的，就是如何迅速提升自己在说话时的魅力。

第一个方法是要强化自我暗示。这是指，无论在什么样的场合中说话，你都要首先暗示自己："我说话的时候太好看了，太有魅力了。"这样所有人都会被你的表情和你说话时很有魅力的样子深深吸引。

如果你的自我暗示是"我说话他们都不爱听"，你就会在讲话时没有自信，所以千万不能自己贬低自己，一定要自己鼓励自己，接下来要解决的就是技术层面的问题了。

第二个方法是眼神交流。与他人交流的时候，语言只是其中的一个工具，更重要的是眼神。所以我每次在当众讲话时，在开口之前，都会用眼神先跟大家交流一遍。我在看大家的时候，大家都知道我的眼神在跟他们传递什么。

所以，你在说话的时候，不管是一对一还是一对多，一定要先用眼神传达你要说的内容，用你的眼睛直接看着对方的眼睛，把他的注意力牢牢地抓过来。

第三个方法是控制表情。我们不说话的时候，地心引力会把我们的脸往下拽，让我们看起来表情僵硬。所以我们在不说话时也要注意用微笑代替面无表情。为什么很多演员和主持人不做夸张的美容保养也总是显得很年轻？就是因为他们在说话和不说话的时候，都在用意念控制肌肉的走向，整个脸的表情都是向上的，都是美的，都是好看的。

> 所以，你要有意识地控制自己说话时的表情，并且找到自己说话时最好看的表情，记住它，在说话时大量地使用这个表情。

第四个方法是用对手势。有朋友曾跟我说："我在讲话时手势比较多，但他们还挺爱看的。"手势不怕多，但是怕细碎、怕小家子气。如果你的手势是那种小幅度快速抖动的，对方看了就会感觉到心烦；如果你的整个手势是缓慢打开的，对方就会感觉比较舒服，也会感觉到被接纳。而且，手势应该是随着你说话的气场、感觉、情绪自然而然地做出来的。

最后，有人可能会问："我怎么知道自己哪个表情好看、哪个手势给人的感觉好？"

这个问题可以通过录像去解决。通过大量地回看自己讲话时的录像，你就会知道："哦，原来我笑到这种程度是好看的；原来我皱眉不好看，看起来有点凶；原来我思索时应该是这个样子的。"

大家可以通过回看录像，找到以下几种自己比较好看的表情的瞬间。

第一种表情叫作肯定，就是你想要表示肯定对方时的样子。

第二种表情叫作启发，就是想要启发对方时的样子。

第三种表情叫作特别感兴趣，就是你想表示对别人讲的内容很感兴趣时的样子。

找到这几个重要的、在说话当中流露出来的表情，按照我教你们的方法去练习，你们在说话的时候就会表现得特别有魅力。

四个方法，迅速提升说话时的魅力

01 时刻保持给自己积极的心理暗示——“我说话的时候太好看了，太有魅力了”。

02 开口前，先用眼神交流。

03 控制表情，不说话时也要用微笑代替面无表情。

04 用对手势。

打电话时怎么说话会被人夸“声音好听”

现在，我们的很多交流都是在线上进行的，要么是微信语音，要么是打电话。线上交流时声音的重要程度，与你在线下跟别人见面时的妆容、穿搭相当。所以，在线上沟通场景中，声音形象特别重要。

前一段时间，有个人托了几层关系辗转找到我，希望我能跟他通个电话，给他的抖音账号提供一些指导。

我在一次外出的路上给他打了一个电话，结果电话接通之后，他的语音和语气就让我感觉特别傲慢。电话接通之后我说：“请问您是 × × × 吗？我是丽娇。”他只是冷冷地回答说：“哦哦，你好，丽娇。”

我心里想：“你托了这么多朋友才找到我，接到电话之后，起码应该热情地说‘你好，你好，丽娇老师’，对

不对？”

所以，打电话时你要通过声音打造自己的形象，不光声音要好听，还要进入一种合适的状态。

在打重要的电话或者做重要的线上语音分享时，我都是像下面这样做的。

第一，在打电话或者做语音分享之前，我一定会干两件事情，第一件事是喝水，喝水之后，我的声音立刻就会变得更润一些；第二件事是清清嗓子、咳嗽一下。喝完水、清嗓咳嗽之后，我说话的声音会更清晰、更干净。

第二，在打电话或者做语音分享的时候，我一定是笑着说话的。正如我在前文所说的，当我们微笑着说话的时候，我们的声音立刻就会变得有温度，哪怕对方看不到你，也能感受到这个温度。

第三，我一定会站着说话。站着说话跟坐着说话、躺着说话的感觉是完全不一样的。我曾接过一个人的电话，我觉得她的声音有股“被窝味儿”，没精打采的，所以我就问她是不是刚起床，她说确实是刚起床。所以，我们打电话的时候一定要站着说话，这会给人更有精神的感觉。

第四，要让对方感觉到我的亲切感。打电话时，我会把气放到声音之前出来。说话时的气和声音是两回事儿，我们要去感受气在声音前面的那种感觉，这样给对方的感觉会更好。

总之，打电话或者做语音分享时做到这几点，不仅能够让人感觉你的声音很好听，也能够让人感觉你非常热情、非常有礼貌、非常有修养。

打电话或做语音分享时，如何把声音调整到最佳状态

在打电话或做语音分享之前，先喝水、清清嗓子。

在打电话或做语音分享的过程中，一定要微笑着说话。

在打电话或做语音分享的过程中，一定要站着说话。

把气放到声音之前，让对方感受到亲切感。

聊天时增加吸引力的四个身体语言

沟通这件事真的不是只靠口头语言，身体语言也发挥着很重要的作用。在本节，我要给大家讲的就是，像我这样平时风风火火的“女汉子”式的人，在聊天时如何通过一些身体语言增加自己的吸引力。

具体来说，下面这四个身体语言可以在无形中增加你的吸引力。

第一个动作很多人都知道，就是撩头发。正确的方式应该是用手在头后面绕过你的脖子，从对侧把头发一点点撩过来。

第二个动作是摘墨镜。女士摘墨镜的动作通常比较容易引起男士的注意，也更容易体现出女士的魅力。

第三个动作是把手放到脖子上。当对方说话的时候，你时不时地做一个把手放到脖子上的动作，可以增加你的

吸引力。

第四个动作是，在听对方说话的时候，慢慢地向右歪头。无论男士还是女士，当一个人特别喜欢对方的时候，他的头会不由自主地向右歪。换句话说，当你听对方说话听到入神，向右歪头的时候，对方就会下意识地认为你喜欢他/她。

这四个动作，不仅可以在聊天时增加你的吸引力，在谈恋爱的时候也适用，大家都可以试一下。

聊天时增加可信度的五个身体语言

《了不起的身体语言》这本书里提供了很多简单实用的身体语言使用方法，我结合自己的演讲、沟通经验，总结出了以下五个很有效的身体语言，如果使用得当，就可以有效增加自己的可信度。

第一个身体语言是眼神。其实所有的身体语言都是你心理状态的一个投射。你自己要先相信自己说的话，从这个方面来说，日常沟通和当众演讲是一样的。我们在演讲当中也经常说："你要信你所言，言你所信。"

所以，在跟别人进行日常沟通的时候，那种发自内心的信念感真的太重要了。

> 我相信我所说的每一句话，所以当我说话的时候，我的眼神当中呈现出来的感觉就是"我是可信赖的，我是值得信赖的"。

所以，如果你想增加自己的可信度，一定要直视对方的眼睛，绝对不要躲闪。如果你看我的时候，我总是左顾右盼，你就会觉得我心虚，不敢跟你对视。如果我敢于坦诚地跟你对视，我的眼神向你传达的信息就是“我是一个值得信赖的人”。

每次跟别人谈重要的事情时，我都会给自己一个心理锚或者叫作内在语，那就是：“你可以相信我。”

我们可以自己对着镜子试试看，你把这句话说出来之后，你会发现自己的眼神都不一样了，这就是用身体语言传达出来的可信度。

第二个身体语言是点头。你在跟对方沟通、表达某个观点时，可以适时地点头。

比如，我说：“丽娇老师是一位特别棒的演讲老师。”

在说这句话的过程当中，我会不住地点头，其实这会在无形中影响跟我对话的人，他很可能会默认我说的是对的，这是一种心理游戏。

如果我摇头，那么对方可能会觉得这件事情不可信；如果我点头，对方就会下意识地觉得这件事情可信。

第三个身体语言是微微歪头。这个动作上一节我们也提到过。这也是心理学家通过大数据分析发现的心理现象。讲话的人如果向自己的右侧歪头，这个人让对方感觉到的可信度就会高一些。

这也可以叫作一种视觉心理效应，就像我们看到小狗狗就会觉得很可爱，看到大老虎就会害怕一样。

在谈话时，如果你向自己的左侧歪头，那么对方会下意识地觉得你在怀疑他；但是当你向自己的右侧歪头时，相对来讲，对方就会觉得“他好像对我感兴趣”。

我不知道这是不是跟人的心脏在身体左侧有关系，心理学家可能也没法从理论上加以解释，但这个心理现象确实是存在的。

第四个身体语言就是当你坐着的时候，一定要让你的脊柱保持笔直。

> 这样的坐姿，会让对方觉得你这个人肯定是一位正人君子。这种体态显得你一身正气，可以让你的可信度增加很多。

我在跟别人谈事情的时候，通常都会坐得很直、很硬，讲话时也不做细碎的动作，我的手势也不是S形的。

有些女孩子在约会的时候，喜欢表现得柔美一些，所以手势是S形的，眼神也是目光流转。但是，当我跟别人正式地谈事情时，我需要让对方感觉到我的可信度很高，所以我整个人呈现出来的是稳重的建筑感，我的坐姿是直线形的，加上手势之后呈现的是三角形，这样给对方的就是直来直去的感觉，这可以在无形中增加我的可信度。

第五个身体语言是发型。要想增加自己的可信度，你可以将头发尽量拢起来，尽量把脸全露出来，脸上最好一根多余的头发都没有。

这其实也可以叫“面子原则”，就是你的脸露得越多，你对对方的影响力、说服力就越强。相反，如果你把头发全都散下来，挡住了大半张脸，对方就会觉得“你没有办法说服我”。

可以增加可信度的五个身体语言

01 可以投射内心信念感的眼神。

02 在表达观点的同时适度地点头。

03 微微地向自己的右侧歪头。

04 坐着时，让脊柱保持笔直。

05 发型要尽量把脸都露出来。

第二部分

接话得体——讲出好人缘

第五章

接话的逻辑

高情商聊天第一法则，对方C位法

见面聊天时，对方夸你说：“你今天可真好看啊，穿得这么美啊！”你应该如何回应？

这时，你千万不要说：“是啊，我这衣服可贵了。”因为你这么说就是在夸自己，这会影响聊天的效果，更好的回应方式是夸回去。

比如，你可以这么说：“谢谢亲爱的，因为今天要见你，所以特别打扮了一下，穿得隆重一点，要不然怎么配得上你？”

[
那些让你觉得情商特别高、特别会聊天的人，每次跟他们聊天之后，你都会觉得没聊够。这是因为，这些人都明白并且都在应用一个高情商的聊天方法，叫做“对方C位法”。
]

这种方法的逻辑从字面上就很容易理解。

我跟你一起聊天，如果我一直在说自己，比如“哎，你看我这个大戒指怎么样？你看我这块手表闪不闪”，你是不是会越跟我聊越生气？

每个人都希望自己被在意、被重视，所以对方C位法的应用方式也很简单，就是把对方放到舞台中央，把他放到你们俩聊天当中的“C位”，讲他给你留下的印象，讲他给你带来的感觉等。

宴请吃饭时，大家互相敬酒，旁边的人可能会说：“小王，不错啊，酒量真好呀。”

这时你不能说：“我们东北姑娘哪有不能喝的？”这就是把自己放在“C位”了，不行。

这时，恰当的回应是这样的：“跟您说实话，我这酒量是真不行，今天属于超常发挥，为啥？因为遇见了您啊，酒逢知己千杯少，酒量好不好，那得分跟谁喝！”

在工作单位，领导说：“小王，最近干得不错，进步很大。”

这时你不能说：“那是，领导，我天天学习，特别用功。”如果你这样说，领导就会觉得：“我就夸你一句，你怎么还当真了呢？”

正确的回应方式还是要把焦点放到领导身上，你可以这么说：“谢谢领导，强将手下无弱兵，我必须得进步快一点，跟上队伍的节奏，要不然到外边都不敢说是张总您手下的兵。”

对方C位法，真的就是高情商聊天的底层逻辑。掌握了这个方法，不管你在什么样的场合、跟什么样的人说话，都可以把话接住，做出恰当的回应，让对方觉得你情商高，愿意跟你交朋友。

低情商的错误接话方式

用低情商的方式去接话，还不如不接话。很多情商低的人往往会因为话没接好而把别人得罪了，同时自己还没有意识到，不知道自己是怎么得罪别人的，为什么自己跟别人聊天总是不顺畅。

低情商的接话方式有很多种，第一种就是否定对方。

我在讲课的时候常常说，如果你喜欢别人，你一定要当众表达出来。但如果你讨厌一个人，你就要把讨厌的话咽到肚子里，不要说出来。

所以最不好的一种接话方法就是张嘴就说“不对”。

现实生活中真的有这种人，你说了一句话、表达了一个观点，他们上来就说“你说的不对，我跟你讲……”不仅一开始就否定你，接下来还要给你“上课”，这就更讨厌了。

第二种低情商的接话方式就是总把话往自己身上引。

比如，你说自己减肥减了多少斤，他们会接话说："你那算什么呀！我更厉害，我……"

这些人会觉得是在很坦诚地把自己的事分享给你，但其实正像我在上一节讲到的，高情商的接话方式一定是让对方保持在C位的。如果在谈话中你总是说自己的事，把话题往自己身上引，那么很容易引起对方的厌烦。

第三种低情商的接话方式就是纠错。

纠错跟否定不一样，是两个概念。比如我在谈话时有一个口误，我说："宋朝诗人李白……"然后你马上说："丽娇老师，李白是唐朝诗人，你怎么连李白是哪个朝代的人都不知道？"

其实，如果在场的还有其他人，那么别人也肯定都听到了，但是你要去想想，为什么别人不说出来？其实对于这种无伤大雅的小错误，最好的应对方法是"看破不说破"。尤其是一些职场新人，他们特别喜欢揪领导的口

误，比如“领导您说的不对啊，那个应该是……”

这种接话方式会瞬间让聊天的气氛变得非常尴尬。

第四种低情商的接话方式就是揭短。

爱在谈话中揭短的人可能还以为自己是真诚的、心思简单，可是在别人看来，跟爱揭短的人谈话感受非常差。

比如，甲和乙关系看起来挺好的，为了显示两个人关系好，在甲说了一件关于自己的事情后，乙接着说：“哎呀，你当年可不这样啊，比这可差远了……”

这种场景尤其容易发生在老乡之间。当年一起玩的小朋友，现在可能都是公司领导、高管了，一起聚会时，为了表示关系亲近，常常有人会把别人当年的糗事拿出来说，这种做法其实非常不合适，尤其是在公众场合。如果你实在想说，可以在私下一对一聊天的时候说。

第五种低情商的接话方式就是突然打断对方。

在对方说话的过程中突然打断对方，这是一种完全不尊重对方的接话方式，我们在谈话中尽量不要这样去做。

> 总之，这些接话方式之所以被称为情商低，我认为本质原因还是你对对方不够尊重，你并没有真的去听对方在讲什么，没有站在对方的立场去关照他。所以在谈话中，你才会想的都是自己，才会在接话时表现得情商很低，甚至把事谈崩。

这些低情商的接话方式一定要避免

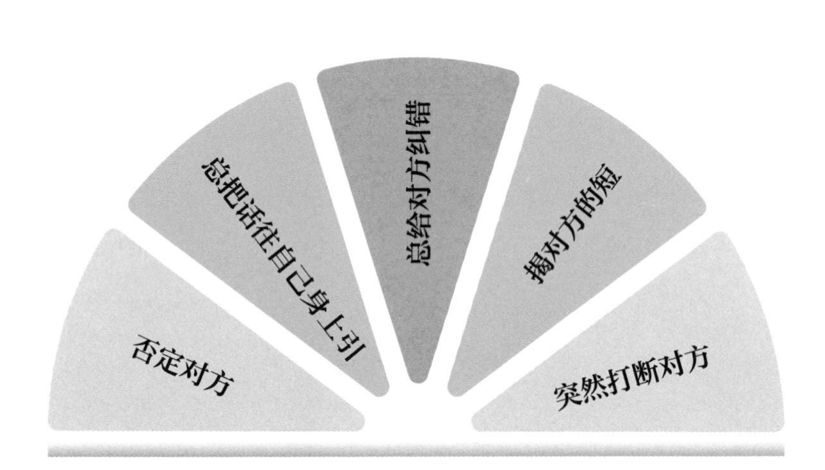

如何把握接话的时机

要想把握好接话的时机，关键就是要找准对话和聊天中接话的接口。

会捧场的人，一般都会在关键节点去接话。

> 在相声演员当中，捧哏其实比逗哏更厉害。逗哏只管说就行了，但是捧哏要能捧到点儿上。

捧哏演员说的一般都是“哎呦”“是吗”“哦，原来这样啊”，等等。看起来都是“水词儿”，可是这些“水词儿”推动的其实都是情绪。你会发现，就是这些“水词儿”，让逗哏演员更愿意说了。

其实接话的高手就相当于相声表演中的捧哏演员。而且你会发现，很多捧哏演员更受观众的喜欢，因为捧哏演

员更能跟观众共情，跟观众产生同样的反应。

要想把话接好，我们就要找到对话当中的接口。要做到这一点，我们一定要进入对方的逻辑，认真地听。这是我在之前20多年的主持人工作经验当中总结出来的。每个主持人在做访谈时都要学会如何倾听，找到对方谈话中的接口之后，再去提问。

你的提问一定是逐层递进式的，这样你跟对方才会聊得很痛快。如果聊到最后，对方跟你说“我今天跟你聊天很开心”，就说明你找对接口了，而且你提供的价值都是他想要的。

总结起来，对话中的关键接口一般有三个。

第一个接口叫作好感接口，就是让对方愿意跟你聊天。

这个好感接口具体应该如何把握呢？其中的关键就是找到对方的情绪点，或者叫情绪接口。你要从他说的话中听出来他希望你给他提供什么情绪价值。

比如，对方说："我上个月饿得不行，但是我瘦了8斤。"

对方把话说到这里了，其实是给了你一个情绪接口，希望从你这里获得一些情绪价值。为什么有的时候谈恋爱的两个人总是没话说，女生感觉男生老是让自己失望？就是因为女生把话都递到这儿了，男生就是不接茬。

继续说上面这个例子，看起来女生是希望你接话，其实她是希望你满足她的情绪价值。这个时候，如果你听懂了对方需要的情绪价值，你应该说："亲爱的，哎呀，我真的是一顿都饿不了。你能忍住饿，真的太厉害了。你瘦了8斤，是吗？我服了，我觉得我胖是有原因的，你是怎么做到的？"

你看，这样接话之后，你又把话递回去了。

后面你还可以继续问："晚上饿的时候，你能睡着觉吗？你咋睡着的？"

你再去问细节的话，对方会觉得你真的在认真地听她说

话。这就是一个为对方提供情绪价值的接口。

第二个接口叫深入接口。

当对方觉得跟你聊得差不多了，没有更多话题可聊了时，你需要抓住深入接口，把谈话往深里拉一拉。

比如在上面的例子中，你可以继续追问："你究竟是怎么做到的？后来发生了什么？"这样接话，就可以让谈话不断地深入下去。

所以接话当中最好用的一个方法其实就是问"后来呢"。

后来怎么样了？你是怎么做到的？用这种方式接话，可以让对方感觉到"原来我说话这么有意思呀"。

第三个接口叫请教接口。

聊天的最高境界，就是让对方感到他是你的老师，让对方表达完之后总有一种意犹未尽的感觉。

还是上面这个例子，她已经跟你讲完减肥这件事了，这时你可以继续接话说："嗯，我觉得你真的特别有毅力，这样坚持1个月忍住饿，瘦下来8斤，太了不起了。其实我还有另外一件事儿想请教你一下，也是一个有关意志力的问题……"

或者你可以说："我不知道现在该辞职还是不辞职，你能不能给我一点意见，你怎么看待这件事？如果是你，你会怎么做？"

抓住这样的请教接口来接话，可以让你跟对方的关系更深一层，你们两个的关系由此发生了改变。

> 所以，选择哪个接口去接话，关键是先认真听对方讲的话，听明白对方现在对你的期望是什么。

这种很会接话的人真的有点像电视台主持人，主持人的作用就是帮助采访对象去表达，一直让他的话不掉到地上。如果你讲得意犹未尽，我就给你捧着。如果你没话

说了，我再找新的话题。但是我永远让话题以你为中心，让你一直保持输出的状态，这样你就会觉得跟我聊得很开心。

聊天接话的三个接口

好感接口	**让对方愿意跟你聊天。**
深入接口	**让谈话不断深入，不冷场。**
请教接口	**让对方感觉自己是你的老师。**

第六章

高情商接话工具箱

聊天时要把话接好，是要讲究方法的。这个方面的能力，也是可以通过练习来提升的。

本章要介绍的这几个万能的接话法，是很多高情商的聊天高手最喜欢用的方法，特别简单，也特别好用。

学会了这些接话法，在日常聊天中，只要给你一个机会开口，你就能把这个话头给抓住，让你的社交变得更加有效。

鹦鹉接话法

鹦鹉接话法也叫学舌法，就是把对方刚表达的意思再重复一遍。

这个方法很适合在对方跟你分享日常生活时使用。比如对方说："昨天我去看了一场话剧。"

如果用学舌法接话，你就可以说："噢？你去看了一场话剧，好看吗？"

对方说："好看好看，简直绝了。"

"绝了？是怎么个绝法？你跟我说说。"

反正只需要保证情绪在线，用这种学舌法接话，你就会让对方觉得："他怎么对我的话这么感兴趣？"

乒乓球接话法

[乒乓球接话法，就是一来一往，像打乒乓球一样，不让话掉在地上。]

这个方法也比较简单，就是你顺着对方的话题说，顺着话题去追问，这聊天的“乒乓球”就打起来了。

比如，你问对方是哪里人，对方说自己是东北人。这时你就可以顺着东北的话题往下追问，可以说：“东北我去过哈尔滨，您是东北哪里的？”

对方又顺着你的“哈尔滨”接着说：“哈尔滨好啊，我们家就在哈尔滨附近。”

你可以继续往下接：“哦，你们家就在哈尔滨边上，那太好了，下回我再去哈尔滨的时候，一定要顺道去你家看看。”

用乒乓球法去接话，会让两个人都觉得跟对方聊天真有趣，对方对自己说的任何内容都感兴趣，而且会有一种两个人很合拍的感觉，聊天聊不够，结束不了。

共鸣接话法

一般来说，一个人喜欢跟另外一个人聊天，往往是因为他在对方身上找到了自己身上也有的东西。所以在聊天当中，要想把话接好，赢得好人缘，在接话时肯定对方、让对方产生共鸣往往能收到很好的效果。

接着前文的例子，还是说去看话剧这个话题，用共鸣法怎么接话？

你可以说："我也特别爱看话剧，你喜欢哪个类型的话剧？"

对方说："我喜欢小剧场话剧。"

如果用共鸣法接话，你就可以说："我也喜欢小剧场话剧，互动性特别好。"

对方可能会说："对，现在小剧场话剧都特别爱互动，我们昨天看那个剧时，我差点被拉上去跟他们一块儿演。”

你可以说：“太好了，下回有好的话剧一定要带我去啊，我都好久没去看话剧了。”

通过这样的对话，聊天高手不仅会肯定对方，还会让对方感觉到他很喜欢对方，他不仅愿意跟对方聊天，还愿意跟对方进一步交往。

这样对方就会觉得：“天哪，我真的是太受欢迎、太讨人喜欢了吧？”

数字接话法

数字接话法其实特别简单，因为人对数字都是敏感的，所以当对方跟你说话的时候，你可以抓住他说的话里面的数字去追问。

比如对方说“我今天跑了10000米”或者“上个月我瘦了8斤，我这是第一次1个月瘦了8斤”。这时，你就可以围绕这些数字展开话题，具体方法就是把他提到的那个数字放大，然后去追问。这样你跟对方就会很容易产生一种共情的感觉。

请教接话法

请教接话法主要适用于与一些资深专家或者重要人物谈话的场景。如果对方的身份地位比你高，你就不要去跟他拼气场了。你需要把自己放得低一点，以请教的态度去接话和交谈，希望对方能够给你多讲一点。

> 他教你越多，他就会越看重你。因为每个人都会格外看重自己倾注了时间和精力去教导的人。

其实请教接话法还是一种特别高阶的社交方法，它能够让你把一个“牛人”长久地变成你的贵人。

请教只是一个开始，请教之后谈什么？谈自己的成长。成长之后谈什么？谈自己的成绩与成就，然后还可以谈回馈社会、感谢感恩等。这也会让对方特别有成就感，愿意继续教你。

你慢慢地就把这样一个在偶然的机会下碰到的“牛人”，变成了你一辈子的老师。

其实我在年轻的时候经常用这招。

比如遇到某位知名制片人或者导演，我就会问他：“这个东西您看我应该怎么做，您有什么建议吗？”他教了我之后，我就会去践行，取得了成绩之后，我会给他反馈说：“张老师，您说的这个方法很有效，我今天是专程来向您表示感谢的。”而且我还会找一个特别的日子——比如9月10日教师节，我会说：“张老师，今天是教师节，我认为您也是我的老师。您曾经跟我讲过一句话……对我真的是太有帮助了。我今天从学生的角度再跟您汇报一下，我最近又……谢谢张老师！”

这样对方就会觉得，这个年轻人聪明、有成长潜力，还懂得感恩。下次你再去请教，他会更愿意给你讲解。

所以，这个接话方法其实是一种很高阶的社交方式。

捧场接话法

人们常常说："君子捧场，小人破场，高人造场。"如果你想成为一个接话的高手，那么你肯定要成为一个会捧场的人。

> 要理解捧场接话法，我们先得知道，其实捧场这件事情并不容易，不是说别人说了一句话，你在那里点头就行了。

现实中，很多人都在假装捧场，其效果往往适得其反。因为这些人在捧场时根本就没走心，或者根本就没有认真听对方在说什么。

比如领导说："哎呀，其实我也什么都不懂，我这就是抛砖引玉啊。"

有些人可能会不假思索地接话说："对对，领导您真的

是抛砖引玉啊。”

对方只是在客气谦虚，而你却还在那里盲目点头捧场，这不是我要讲的捧场接话法。

捧场的前提是，你知道对方说这句话的目的是什么，他期待你能够给他一个什么样的回应。

因为有效捧场的前提是你要认真听对方说的话——每一句话。

对方对自己说出来的每一句话，其实都是有他的期待的。对方表面上说的是谦虚的话，但是他想让你看到的并不是他谦虚的这一面，而是想让你看到他的实力。

比如我是主持人，我可能会说：“哎呀，昨天的那场活动，我真的是一点准备都没有，直接上场就开始说了，我觉得我的表现不太好。”

其实，如果只听字面上的意思，你会觉得我是在跟你诉苦，然后你可能会安慰我，那么这个捧场就捧错了。你很可能说：“没事儿、没事儿，不要担心，我觉得挺好的啊。”

这样的接话就会让我不太舒服，我看起来是在谦虚，但其实我是想让你看到：“我没做准备都主持得这么好，现场气氛这么热烈……”

所以按照真正的捧场接话法，你应该这样说：

“真的呀？根本看不出来，你没做准备都主持得这么好，你这真的就是渗在骨子里的演讲水平，真的是高手。”

这个捧场接话法用得就很恰当。所以，真正的捧场接话高手一定要知道对方的身份地位，以及他说的这句话背后真正的含义是什么，他期待你提供什么样的情绪价值。

高情商接话工具箱

鹦鹉接话法，就是把对方刚表达的意思再重复一遍。

乒乓球接话法，就是一来一往，像打乒乓球一样，不让话掉在地上。

共鸣接话法，就是在接话时，肯定对方、让对方产生共鸣。

数字接话法，就是在对方跟你说话的时候，抓住他说的话里面的数字去追问。

请教接话法，就是以请教的态度去接话和交谈，希望对方能够给你多讲一点。

捧场接话法，就是了解对方的身份，提供情绪价值。

第三部分

回话恰当

——讲出影响力

第七章

商务社交中好好回话——展示能力，把握机会

第一次见“牛人”如何给对方留下深刻的印象

如果你是第一次见一位专家或者大客户，这次见面对你来说特别重要，你希望自己能给对方留下深刻的印象，那么你可以使用我在本节教你的这几招。

第一招就是你在跟他说话的时候，至少每三句话提到一次他的名字或称呼。

比如，“张总，您今天的这番话对我真的是太受教了”“张总，您刚才提到的……”“张总，我觉得您说的……”

差不多每说三句话，你一定要提一下对方的名字或称呼。正如我在前文说到的，每一个人对自己的名字都是最敏感的，当你不断提到他的名字或称呼时，他就会被带到你的场域当中，他自然而然地就会倾向于认可你。

第二招就是“走神”的赞美。

你俩本来在聊一件事情，中间你突然不好意思地停顿一下，装作走神了，然后赞美说：“抱歉抱歉，我刚才一直在注意您的皮肤，您的皮肤怎么这么好啊？抱歉啊，我刚才走神了，刚才那个能不能再说一遍？”

你没听对方说的话，这件事情好像是过错，可是你解释说自己是因为她的皮肤太好而走神的，这样过一会儿你可以再问她：“那您平时用什么洗脸呢？用什么护肤品？”她就更相信你是因为关注她的皮肤而走神了。

这种“走神”的赞美，在聊天中用起来效果特别好。

第三招就是请教或者采访式地提问。

> 跟专家或者大客户聊天，千万别给对方“上课”。对方越牛，地位越高，他就越喜欢给别人“上课”。

所以聊天时你可以说："张总，我能请教您一个问题吗？我特别想知道您在人生低谷的时候，是靠什么样的力量翻身的。"

这种好像是电视台采访时才会问的问题，会让对方感觉特别有身份感，也会让他对你印象深刻。

第四招就是在交流的过程中至少说一次"从来没有过"。

比如，"张总，您跟我说的这些话，从来没有人跟我说过"或者"张总，我今天跟您沟通的整个过程，真的很震撼，这种成长，我从来没有过"，这会让对方觉得自己的价值是独一无二的。

如果这四招你都学会了，那么你一定会在聊天中给对方留下深刻的印象。

与“牛人”见面聊天的四个方法

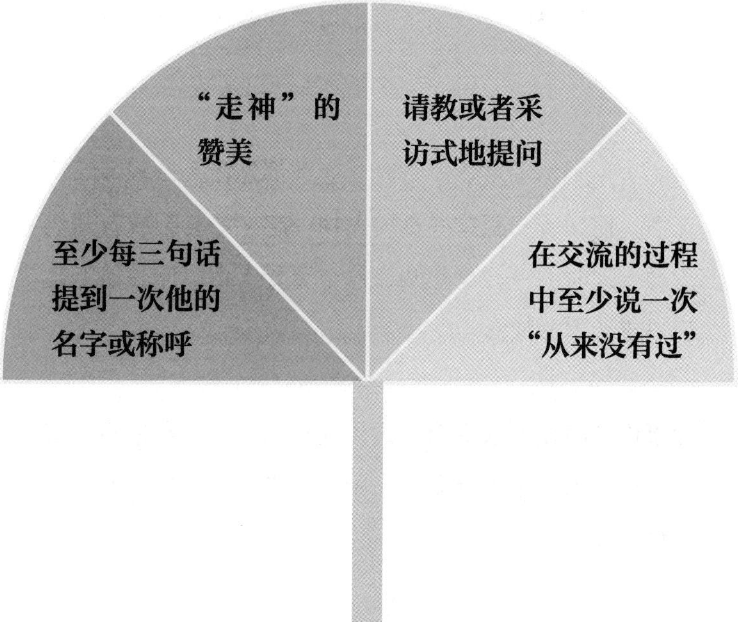

至少每三句话提到一次他的名字或称呼

“走神”的赞美

请教或者采访式地提问

在交流的过程中至少说一次“从来没有过”

与重要人物会面时，如何做自我介绍

如果你有机会面对一位重要人物，一般来讲应该不是一对一的场合。

第一次见到那种重要人物时，通常都是在人比较多的情况下，比如有幸跟这些重要人物一起参加宴会或者其他活动。这时，往往是你知道这个重要人物，但是他不会记得或认识参加活动的每个人。

如果你这时没办法在众人之中脱颖而出，你在他眼里就是一个路人，来了就来了，走了就走了，他根本不会记得见过你。

> 所以我经常说，第一次见重要人物时，你的表达机会其实很少，怎么在回话时做一个让人印象深刻的自我介绍，就显得非常重要了。

一般人都会觉得，在这种场合中一定要多“吹吹”自己有多厉害，比如可以说自己虽然才二十岁出头或三十岁，但是已经赚到了多少多少钱，做出了多少多少业绩，等等。但是面对重要人物时，说这些基本是没有用的，除非你真的有拿得出手、超级厉害的专业成绩，比如你是某个方面的世界冠军。

如果你的能力不是特别突出，业绩也不是特别突出，你的这些成绩在重要人物眼里其实都是微不足道的，人家反而会觉得“这个孩子年少轻狂，还需要打磨，成长的路还长着呢”，不会对你有什么深刻印象。在这里，我给大家一个面对重要人物时的自我介绍公式：

自我介绍=崇拜+价值+学习热情+感恩或珍惜

第一个要点是表达出崇拜之情。这个时候，你不要把自己抬得很高，反而要把自己放低，表达出对重要人物的敬仰。你可以说："我今天太荣幸了，能够跟张总有这样一次相遇。首先感谢 ×××（邀请你来参加这个活动或宴会的人）。我默默地崇拜您很久了，很多像我这样的年轻人都从您身上获得了大量的养分，所以今天我首先要叫您一声老师，您真的是我人生当中的导师……"

第二个要点是介绍自己的成长价值。这个时候，你要讲自己的状态，但不是炫耀，就是简单地把你已有的成绩说一下。你可以说："我今年25岁，我在做 ×× 行业，我在这个行业当中取得的一点点小小的成绩，跟各位前辈相比完全不值一提。但我这个人非常爱学习，所以我今天就是一名学生，我希望时间过得慢一点，想跟在座的各位学到更多更多……"

学无止境，这样的表达可以让大家看到，你这个年轻人上进努力，也呈现出了你的潜力。面对重要人物的自我介绍，其实特别像一位创业者在向投资人做路演。其中一个关键点就是让对方看到你的潜力，让对方觉得值得为你花心思，值得把资金或者其他资源放在你身上来帮助你成长。

第三个要点是表达自己的学习热情。你可以说："刚才我说自己今天就是来学习的，我一直拿着手机，但并没有在玩手机，而是一直在做笔记。我记了好多您刚刚说的金句，比如（说几个记下来的句子）……"

这个时候，这位张总可能会哈哈大笑着说："哎呀，你这个孩子太认真了嘛，就随口一说，何必这么当真呢？"他会觉得你的学习热情很高。

第四个要点是表达感恩或珍惜之情。你可以说："张总，不指望您今天能够记住我，今天短暂的相遇之后，我未来还是你的小粉丝，我还是会一如既往地努力……您如果有什么需要我跑个腿的事情，我随叫随到。"

做了这样的自我介绍之后，对方会认为你是一个踏踏实实、上进、爱学习的年轻人，而且你还说出了自己可以给对方带来的具体价值。这就足以让对方记住你了。

与重要人物会面时的自我介绍公式

自我介绍 = 崇拜 + 价值 + 学习热情 + 感恩或珍惜

崇拜	把自己放低，表达敬仰
价值	介绍自己的成长价值
学习热情	表达出自己的学习热情
感恩或珍惜	表达自己对这次见面机会的珍惜

在有重要人物出席的宴会上，如何说敬酒词

在这个时代，表达力确确实实是我们每个人的名片，你一张嘴，大家就看到了你的实力。

对年轻人来说，在参加有重要人物出席的宴会时，能够给重要人物留下印象的机会有且只有一个，就是你开口说话的时候。所以在参加这样的活动之前，一定要认真准备敬酒词，这是你非常难得的一次亮相的机会。

这个敬酒词的公式也很简单，具体如下：

敬酒词=重要人物的金句+你的学习体会+自己的一个目标+祝福

第一，重复重要人物说过的金句。

比如这位重要人物在宴会上引用了“走自己的路，让别人去说吧”这么一句耳熟能详的话，那么你在敬酒时可以这样说：

“我没有想到，在这样的场合居然还有我说话的机会，我敬大家一杯酒。首先我想说，今天这个聚会对我来说真的是一个课堂。比如张总今天谈到了‘走自己的路，让别人去说吧’……”

这样一说，这位张总就会觉得你这个年轻人心比较细，也会更加注意听你后面会怎么说。

第二，讲自己的学习体会。

引出金句之后，你可以继续说：

“说实话，我到今天才知道，这句话原来是但丁说的。

“我以前一直都认为这句话就是让我不要在乎其他任何人，不管不顾，按自己的想法去做事。

“结果今天张总把这句话解读出了新的含义，我觉得张总就像我人生的导师，我今天回去得好好地复盘，这句话到底是什么意思，好好学习一下。”

第三，给自己立一个目标。

讲完学习体会后，接下来你就要给自己立一个目标。

你可以说：

“我是一个非常有野心的人，张总，您看您才比我大5岁，但是您的成就，我觉得真的是我的500倍、5000倍都不止。不过，人就怕有梦想，我今天斗胆向张总您发起挑战，我要立一个目标。5年之后，我一定要赶上您。”

第四，以祝福收尾。

讲了未来的目标之后，你就可以用一些祝福语来收尾了。

你可以说："我敬您这杯酒，首先是感谢遇见，其次对我自己来说，这是新征程的一杯践行酒、梦想酒……"

这样一套敬酒词说下来，你会让这位张总看到你是一个有上进心、爱学习、有梦想、有憧憬的年轻人，这些品质都是这个时代特别缺乏的。与其他人主要以吹捧为主的敬酒词相比，你这样的表达肯定能够给大家留下与众不同的深刻印象。

甚至这位张总会说："你太像年轻时候的我了。"这样他就真的彻底记住你了。

第八章

销售中好好回话——谈下大客户，做出好业绩

客户说“有需要再找你”，怎么回话

在销售过程中，当你花了很多时间介绍完产品之后，客户却说：“有需要我再联系你。”这时，你应该怎么回话？

普通的销售人员很可能会说：“好的，没问题。”这样回话的结果通常都是客户出了门就把你电话删了，你永远也等不到客户的电话了。

有的销售人员确实想要再挽留一下客户，会说：“请问您还有什么顾虑吗？”

但这样回话，你让客户怎么回答？客户会觉得：“我顾虑多了，为啥要告诉你？”

还有一种常见的回答，效果也不好：“您错过了今天太可惜了，今天的活动力度最大了。”但其实客户在意的可能根本就不是价格。如果客户在意的是价格问题，他会怎么做？他会跟你砍价，他没有砍价，直接就走了，这说明价格可能并不是他的痛点。

下面，我们来看看高情商的销售人员是怎么回话的。在大多数销售场景下，用这个方法都可以扭转败局、实现成交。

下面我给大家一个回话的公式：

高情商销售回话=难过+道歉+请教

我再给大家一个“范文”。

首先表示难过，你可以边送客户出门边说：“哎呀，说实话，我今天挺难过的，没让您满意，我特别自责，您是我特别看重的一位客户。”

紧接着是道歉：“今天没有能帮到您，真的要向您表示诚挚的歉意。”

这时，客户只要不是铁石心肠，都会跟你说一句："没事没事，哎呀，你想多了。"

这样说时，客户至少会停下脚步，有一些交流的意愿，这样就有了缓解的希望。这个时候，你再开始请教："我知道您以后可能不会再联系我了，但是能不能向您请教一下，今天我哪里做得不好？希望您给我指出来，我未来一定会改正。"

这个回话方法的高明之处就在于，如果你真的是在沟通中让对方不开心了，你这个真诚的道歉就可以解决对方的情绪问题；如果之前没有让对方不开心，那么你的真诚也会打动对方；还有就是，每个人都愿意当别人的老师，这样请教可以让客户更愿意跟你多说几句，比如指出你们的产品或者售后服务有哪些问题。如果你能有针对性地提出这些问题的解决方案，在这个过程当中就很有可能会促成成交。

其实企业里每一个职位都是销售，所以无论你年龄有多大，处于什么位置，都应该好好地研究销售。交易没有达成，往往可能是因为你话没说到位；只要把话说到位了，销售目标基本都能达成。

客户说“太贵了”，高情商的回答是什么

在销售过程中，如果客户说“这个东西太贵了”，那么销售人员应该怎么回话?

不及格的回答是：“这个价格不贵，一分钱一分货，要不你跟别家对比一下。”

这个回答犯了销售工作的两个大忌：第一，你否定了客户；第二，你把客户支走了。这时客户心里会想：“那行，我听你的，这就去对比一下。”这一对比，客户基本上就不会回来了。客户跟你询价是有买的意愿，你这个回答却直接把人家支走了。

还有的销售人员会这么说：“我们这个价格现在已经不贵了，我们之前卖得更贵。”

这种回话就完全是从自己的角度思考问题，自以为是。客户会觉得："你之前卖天价跟我有什么关系？我现在看到的是这个价格。"而且，当销售人员说现在降价了之后，有很多客户会想："为什么便宜了？我才不要打折货，是不是在清库存？"这样说也会把客户吓跑。

下面我给你一个高情商的回答公式：

高情商价格回话=肯定+询问+解答

你可以说："是的，很多客户都觉得这个产品有点贵。"你先肯定客户，这样就跟客户有了共鸣。

接下来你可以询问："但是您知道吗？几乎所有觉得贵的客户，对比了一圈之后，还是买了我们的产品。您知道为什么吗？"

这个问题问出来之后，你就可以更好地掌控谈话的节奏。对方多半会顺着你的问题问："为什么呢？"这就给了你一个绝佳的机会去介绍自己产品的优势。

你可以说，你们产品的维护成本更低，售后服务更好、更到位，质量也比竞品强，等等。

别看这个公式形式上很简单，它背后其实有销售心理学作为基础。先认同对方，接着制造一个悬念，然后拉着对方进入你的成交逻辑当中，这个底层逻辑其实是销售的人性学。

> 我们把东西卖给谁？答案是卖给人。如果你不了解人性、不懂得人性，那么你想把东西卖给对方是不可能的。

所以我说，所有的销售冠军，一定都是先把人性研究透了，才能把东西卖出去。

客人说菜点多了，该如何高情商地回应

在销售洽谈中与客户一起吃饭时，如果客户说：“哎呀，菜点得太多了，有点浪费。”这时，你应该怎么回话？

有些人可能会回答说：“哎呀，就多一点点，怕大家吃不饱。”

这都什么年代了，这样回答会让客户觉得：“我是饭桶吗？我那么能吃吗？”

有些人可能会回答说：“这不算多，也花不了多少钱。”

这样说明明是好心，但客人一听就会觉得：“啥意思？我觉得浪费，你还觉得是‘毛毛雨’，你在跟我炫富吗？”

还有人可能会回答说：“哎呀，您初来乍到，多点几样，

请您各样都尝一尝。”

客户会觉得：“你的意思是，我没见过啥世面，这些我都没吃过？我啥没吃过？”

那么，怎么回话才能让客户觉得你情商高呢？

如果大家曾经读过我的《演讲三绝》或者学过我的演讲课，都知道我有一个“秘密武器”，叫作数字演讲法，这个时候刚好可以用上。

因为客户说菜点多了，所以大家可以在菜的数量上做文章。

比如，当天点了十道菜——六道热菜、四道凉菜，你就可以这么回答：“张总，这个菜不多呀，我们点了十道菜，十全十美是不是？六道热菜，预示着咱们的合作是六六大顺啊，四道凉菜的意思是，无论春夏秋冬这四季怎么变换，咱们的友情永恒不变。”这样回答是不是很漂亮？

如果不是十道菜，而是十二道菜呢？十二道菜也有的说：“张总，您看今天点了十二道菜，话说这一年有十二个月，一天有十二个时辰，那这十二道菜就是祝愿张总您岁岁平安、年年快乐、月月幸福、日日开心，咱们时时挂念。”

这么说了之后，现场的氛围马上会热起来，后面再与客户谈其他的事情也会比较顺利。

有读者可能会说：“不行，丽娇老师，那万一要是十六道菜、十八道菜、二十道菜，该怎么说？”其实，不管是多少道菜，你都可以按照下面这个万能的思路来回话。

你可以说：“张总，这个菜点得真不多，按照我们这里的习俗，我们最尊贵的客人来到这里，就是要点十六/十八/二十道菜。”

这样一说，客户基本都会欣然接受，然后你再按照我刚

才的思路，针对这些道菜的数字做一些联想，说一些祝福语，就更加完美了。

第九章

工作中好好回话——同事挺你、领导赞你

职场高情商说话法，升职加薪全靠它

在本节，我教给大家五个在职场中非常好用的高情商说话的方法，只要用好这五个方法，你在工作中一定能够获得好人缘。

第一，当你想问别人叫什么名字的时候，你可以说“我可以知道你的名字吗”。这个方法扩展一下就是，在所有你想要问别人问题的时候，一律都换成“我可以……吗”的句式来说，比如“我可以向你请教个问题吗”“我可以请你喝杯咖啡吗”“我可以搭你的车回家吗”，等等。

当你在说“我可以……吗”的时候，对方会觉得你很尊重他，一点都不唐突。

第二，当领导或者同事跟你说一件事情，你想回答“不知道”的时候，千万别直接说“不知道”，这会让别人觉得你既没能力又不上进。这时，你要把“我不知道”换成“我很感兴趣，我特别想好好学一下，你可以教教我吗”。这样回话，就会让别人觉得你非常谦虚好学。

第三，当别人帮了你，你想向对方表达感谢的时候，千万别只说“谢谢”，因为这样说会显得你很高傲。说“谢谢你”，会让对方感觉稍微好一点。

但是，最佳回话公式是：

谢谢你+加职务或名字

比如，“谢谢你，张总”“谢谢你，丽娇老师”，等等。这样回话，对方就会觉得你这个人很有礼貌、很有修养。

第四，领导交代给你一件事，你没有做好，领导在问责的时候，你千万不要说“张总，我以为是……”。这会让对方认为你是在辩解，所以你要把“我以为是……”换成“对不起，张总，我理解错了”。

> 永远不要跟领导较劲，有时候即使不是你理解错了，而是领导没说明白，也要先从自己身上找原因。

第五，当办公室的同事一起聚餐，问你今天晚上吃什么、去哪里吃之类的问题时，你千万不要回答说“我无所谓”，因为这会让人觉得你怎么都行。高情商的回答是“我都可以”或“我都OK”，这会让同事觉得你这个人很随和。

这些都是在职场中高情商的说话方法和习惯。有的时候，换一种说法，真的可以让你在公司里人缘更好、机会更多，工作也更加顺风顺水。

在工作单位这样说话，人缘更好

把“你叫什么名字”换成“我可以知道你的名字吗”。

把“我不知道”换成“我很感兴趣，我特别想好好学一下，你可以教教我吗”。

把“谢谢”换成“谢谢你+加职务或名字”。

事情没做好，被指责，要把“我以为是……”换成“对不起，张总，我理解错了”。

把“我无所谓”换成“我都可以”或“我都OK”。

领导问你“最近怎么样”，该怎么回答

如果在电梯里或者在开会时，有领导问你“最近怎么样”，你该怎么回答？

这时，千万别说“还行，还行”，因为这种回话在领导看来就是不太行甚至很不行。

你也不能说：“哎呀，还不错，谢谢领导的关心。”

你这个“谢谢关心”把难得一次的领导对你的关注终结了，非常可惜。

那些聊天高手之所以厉害，就是因为他们能够把重要人物的一个问题变成一场愉快而又有趣的谈话。这里面有一个重要的秘诀：

[少说自己，多说对方，不管对方问的是什么，你都把谈话的重点从自己身上挪到对方身上。]

每一个人都希望自己是谈话的重点，所以如果你想让自己的回话给领导传递积极正向的信息，就要把谈话的重点放到领导身上。

所以，对于这个看似简单的问题，高情商的回答可以是这样的："谢谢领导的关心，我最近一直在读您推荐的那本书，快看完了，收获非常大。"

你这样回话，领导听完之后很可能会精神一振，接着问："是吗？那你读得怎么样？你跟我分享一下。"这样一来，一次简简单单的问话，变成了一次你展示自己能力和思想的机会。

这个时候，无论你说什么，领导一般都会比较有兴趣听，因为领导心里会认为自己是一个对你有影响力的

人。很多领导都喜欢一个身份，这个身份叫作老师，因为他们愿意成为能够影响他人行为乃至思想的人。

你的回话会让领导认为你是一个虚心好学、追求上进的人，跟那些整天只会抱怨工作太多的同事根本就不在一个层次上。

从此之后，在他心目中，你俩就不是上下级关系了，而是师生关系了。

这个方法还可以用在与其他所有人的沟通中。所以永远都要记得，聊天要把话题放到对方身上，一定要在聊天当中表达“我关心你，我对你很感兴趣，我在意你，我想向你学习，你影响了我”。这就是高情商聊天的底层逻辑。

开会时领导突然让你发言，该怎么回应

开会时，领导正在上面讲话，你却走神了，领导突然问你："小王，你对这件事情有什么看法？"

这时你该怎么办？你该说什么？

> 首先你一定要清醒地意识到，领导这个时候点名问你，大概率已经看出你走神了。

如果你当场道歉说"对不起领导，我走神了"，你就直接把自己变成靶子了，领导很可能就会拿你开刀，讲一下团队纪律以及尊重领导的问题，你就彻底变成了杀鸡儆猴里的那只"鸡"了。

当然，你更不能说："领导，刚刚我没听清楚，您能再说一遍吗？"走神就是你不对，你还让领导再给你说一遍，你是领导还是人家是领导？这样说，只能让领导对你的火气更大。

那么，这时如何回话才最恰当呢？

我在这里教大家一个方法，就是要表现得你看起来可能是走神了，但其实你是在认真思考；在回话时，你其实啥都没说，但是什么毛病都让领导挑不出来。这可以说是一个万能话术。

在回话时，你自己的信念感特别重要，所以首先不能心虚。即使你知道，领导点名问你是因为看出来你走神了，也要装作没有被领导发现，很淡定地回话。

这时，你要迅速地把自己的微表情从双目呆滞转换成认真思考，一秒切换过来，然后在思考的状态下回话。

你可以这样说："我觉得大家都说得很全面了，我没有什么补充，我也没有什么意见。在这里我就表个态，领导指哪儿我就打哪儿，听话照做，绝不走样，坚决保证完成任务。”

当然，同事们可能会忍不住笑出声，领导也看得出来，你这是在“划水”呢，但确实也不是多大的事儿，而且你的态度很好，知错就改，马上就跟上节奏了，这也表现出你反应快、心理素质好。领导心里权衡之后，这事儿很可能就过去了。

领导说“你辛苦了”，该怎么回话

完成一项工作，或者有了一点成绩之后，如果领导当面或者在微信中说“你辛苦了”，你该怎么回答？

一般人的回答可能是：“没事儿，领导，不辛苦，这是我应该做的。”

这种回答真的是太实在了，如果领导接着问你几句，你就很容易接不上话。

那么这个话到底应该怎么回呢？

我觉得针对不同风格的领导，你的回话方式应该不一样。

如果是标准型的领导，那么你可以回答：“谢谢领导的关心，其实我在做这件事的过程中也学到了很多东西，如果有哪些地方做得还不够好，希望领导能够批评指正。”

如果是严格型的领导，那么你可以回答："没事儿，领导，这点儿辛苦真的不算啥，我就担心这工作没做好，怕您不开心。"

如果是温和型、朋友型的领导，那么你可以回答："没事儿，您看这不都是我应该做的嘛。领导，您这么说是想要请我们吃大餐吗？"这样调侃一下，关系还会变得更近。

其实，我觉得在职场中，乃至在生活中，回话真的是一门艺术。以前，我们可能会把目光更多地集中在怎么提问上。但大家有没有发现，在生活中，你回话的机会其实是更多的。懂得回话的真的都是情商极高的人，他们能够随机应变地快速做出反应，给他一个机会，他立刻可以用这个机会撬动起地球。

所以，回话这件事情真的需要去学习、去练习，这样才能更好地应对各种沟通场景中突如其来的问题。

领导问你对公司有什么建议，该怎么回话

如果领导问你对公司有什么建议，你该怎么回答？

首先，领导和普通员工之间最大的差别就是所处位置不同以及由此造成的信息不对称。

> 你和领导都在一家公司，但是你们看到的这家公司的状况是不一样的。通俗地说就是“屁股决定脑袋”，这很容易理解。

在回答这个问题时，有一些人会想“领导总算给我一个机会说话了”，于是开始长篇大论地提意见，说公司这个不行、那个不好，甚至开始给领导“上课”。

这时领导的脸色一定不会太好看，表面上虚心地承认，心里肯定在说："我下回再也不问他了。"

所以面对这个问题，既不能随意回答，又不能不回答，不能放弃这个表达自己的机会。

所以，这个建议要怎么提？

其实不难。

在回答这个问题之前，你首先要换位思考，从领导的角度出发，看一下整个公司现在最大的痛点是什么。

如果公司现在最大痛点是日常成本有点高，那么你可以提建议说（当然，这样说有可能得罪人，需要先权衡利弊）：

"领导，我觉得公司可以在成本上稍微再控制一下，尽量避免日常用品的浪费，比如办公用品、纸巾什么的……"

如果公司的痛点是不知道如何做好短视频营销（现在很

多传统企业都面临营销方式转型的问题)，那么你可以建议："领导，我觉得公司可以在自媒体平台上开一个短视频账号，哪怕一开始做得不专业，也得先动起来。"

其实领导可能也想要做这件事情，但又怕大家因为增加工作量而有抵触情绪。

所以你的这个建议相当于是站在公司整体发展的立场上，把领导想说的话说出来了，领导肯定会赞成。当然，领导也有可能说："那你能不能把这个工作做起来？"

这时你也不要害怕或者后悔，我觉得这真的就是一个机会。

现在很多年轻人在工作上迟迟没有发展，根本原因就是他们总是看着工资去干活，所以最多就只能拿到这个工资了，这就是他们职业发展和收入的天花板。

所以，年轻人真的不要只看着工资去干活，不要一接到新工作就跟公司谈条件。

可能有人会说，我们公司就是“吃大锅饭”，多干也不多给钱。这其实也没什么，因为如果你通过自己的努力把这个短视频账号做起来了、做火了，那么这个新媒体账号运营的本事也是属于你个人的，对不对？你已经成为公司里那个不可替代的人了，即使公司不给你升职加薪，你凭借这个业绩和工作经历，跳槽到其他公司也不是问题，收入也自然会快速涨起来。

所以，我们在提建议之前，一定要先从大局的角度了解公司的痛点，而且要注意，千万不能给领导“上课”。

第十章

恋爱中好好回话——听懂爱人，把话说到对方心里

恋爱中有哪些聊天方式特别让人讨厌

在恋爱当中，有些人真的特别不会聊天，说话特别让人“下头”，在这一节我会列举一些在恋爱中要避免的回话方式。

> 大家千万要注意，这些错你只要犯了一个，对方恐怕立刻就会原地想跟你分手。

第一种是质问式的回话。

恋爱中，一方有时会问另一方：“你昨天去哪儿了？你到底跟谁在一起？”

其实这种质问的背后就是指责对方，而且会让对方感到两个人的地位特别不平等。

在这样的质问下，对方即使没做什么事，可能也不愿意回答，而且心里还会比较愤怒：“我凭什么要跟你说？咱俩明明是恋爱关系，怎么你说话的口气跟我爸爸似的？”

这种质问式的回话“爸爸味儿”很浓，会让对方感到自己被控制了。

第二种就是怀疑式的回话。

比如，“真的是去 ××× 了吗？我看 ××× 发的朋友圈，你们好像不是去那里了”。

与其用这种阴阳怪气的疑问式回话，还不如直接就说出自己了解的事实。

如果你掌握了确凿的证据，打算与对方分手，那么你可以直接告诉他你知道的事实。

如果你没有确凿的证据，我觉得你没必要用这种方式去试探对方，这完全是无事生非，让人很“下头”。

第三种就是乱吃醋。

年轻人谈恋爱，都是因为喜欢彼此，愿意跟对方在一起，但是也会比较害怕自己失去自由。

他们心里会觉得："并不是说我有多花心，但是我不能因为跟你在一起，身边连一个异性朋友都不能有。"

如果你动不动就吃醋，对方身边一出现异性，你就问半天，比如"你怎么对他那么特别啊？哎哟，我看他又给你点赞了"，这种感觉就会让人很"下头"，十分不舒服。

第四种就是聊天时总提自己的父母。

在这一点上，有些男孩子表现得尤其明显，女孩子还好。有些男孩子在跟女朋友聊天时，张嘴闭嘴都是"我妈怎么怎么样"。我有一位女性朋友，她男朋友每天跟她聊天时，真的是恨不得每句话都提到他妈妈，比如"我妈也特喜欢这个东西""我问了我妈""我给我妈打电话了"。

听了这些话，你会觉得这个男孩子根本就没有长大。女孩子其实很害怕嫁给这样的“妈宝”。

第五种就是说话时表现得过于拜金。

这个倾向更容易出现在女孩子身上。

比如，“你看 × × × 的男朋友，又送她一个LV的包”“哎呀，那个香奈儿的包一般地方买不到的，她男朋友又给她买了”。

其实，你如果想要这些东西，就可以直接说。

但如果你总是拿别人来说这件事，就显得是在指责男朋友：第一，你无能；第二，你没钱；第三，你想不到这些事；第四，你处处都不如别人好。男孩子听了这样的话，多半心里都会很恼火。

第六种就是开空头支票。

这个错误也是男孩子犯得多一些，女孩子稍微好一点

点。因为在大众的认知当中，会觉得男孩子应该做得更多一些，这是传统认知。

比如有些男孩子总说：“这颗大钻戒，等我有钱了，我肯定买给你。”

或者在逛街时说：“这些都太适合你了。”结果要结账的时候才说：“我没有带卡，手机里也没钱了……”

这些实现不了的事情，都不要轻易去说。我觉得，最好的方式就是先做到，如果做不到，就不要去说。否则，慢慢地，你可能自己都不相信自己了。

第七种就是总爱点评别人。

在这个方面，尤其不能给对方的家人和朋友做负面评价。

比如，“你那哥们儿不行啊”“我觉得你哥哥就是不靠谱”。

因为大部分人都会爱屋及乌，通常都会认为："如果你喜欢我，就应该接受我的朋友和家人。"

在这个方面，有些人甚至一定要让恋人在朋友和自己之间做选择。

比如有些女孩子会跟男朋友说："你不要老跟你那些哥们儿在一起，有那个时间，咱俩去看电影不好吗？"很多人真的是谈了恋爱之后，自己原来的朋友圈子都没了。

有些男孩子会对女朋友说："你看你的那些闺蜜，哎呀，怎么还抽烟呢？"或者说："你那个朋友，还有文身呢，这种人不要跟她在一起。"

类似这种负面评价都会让对方很不开心，很"下头"。

对对方家人的负面评价更是不能说。千万别说"哎，你妈怎么这样""你大姨怎么怎么样"，这些话都很让人"下头"。

总之，在恋爱中，千万不要觉得双方已经是恋人了，关系很近，就什么话都可以说，其实并不是。

恋爱时一定要避免的七种回话方式

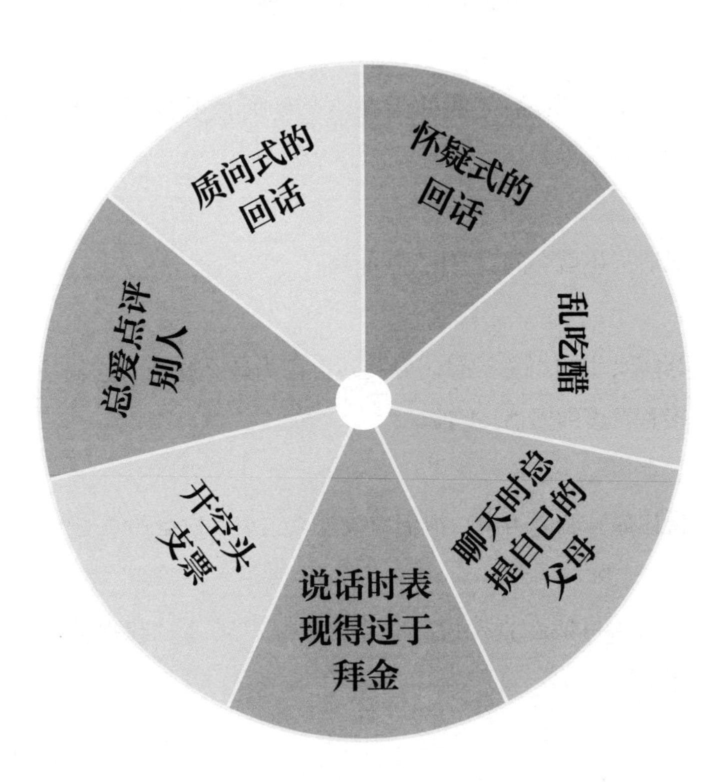

恋爱中的回话“陷阱”

在恋爱当中，情侣对话有很多有意思的“陷阱”。

比如，女生说：“我昨天在吃药的时候看到了一条新闻……”

然后男生就会问：“什么新闻啊？”

其实女生的用意是想让男友问自己为什么吃药。这就是很有意思的回话“陷阱”。

再比如，恋爱当中，情侣应该怎么结束一次微信聊天？

一般人可能会直接说“我得去忙了”或者“我得去工作了”。

我们前面说过，高情商的人可能会说：“我记得你好像叫了外卖，外卖是不是到了，你赶紧去吃，别饿着，我随时都在。”

另外，很多幽默的表达方式也很好。

比如，加了微信之后说：“我已经主动加你了，接下来该你主动了。”

再比如，对方说“晚安”，你不要回“晚安”，要说“咱们换个地方接着聊，梦里见”。

> 如果说“别熬夜了，对身体不好”，就像妈妈在教育孩子；换成“别熬夜了，对手机不好”，就会让人感觉很幽默。

恋爱中，当对方有各种情绪时，该如何回话

在本节，我们讲一下，在恋爱中当一方有以下这些情绪时，另一方该如何回话，才能给爱人有效的安慰。

第一种情形是，当一方的情绪非常激动时，另一方该如何回话。

当恋爱中的一方情绪激动时，男生和女生的处理方式是不一样的。

> 先说女生，她生气、情绪激动，多半是因为失望。在恋爱当中，女生的大多数愤怒情绪，本质上都是由失望引发的。

在这个时候，男生的处理方式是什么？大多数男生的应

对方式就是："你不开心，我先走开。"但是，对于处在愤怒情绪中的女生，一定不要用这样的方式，这会让女生觉得男朋友不关心她。

男生可能觉得："你在发脾气，所以我让你冷静冷静。"

但是女生现在要的不是冷静，男生自以为离开会让女生冷静，但往往会引发更大的问题。女生这时根本冷静不下来，男生的离开反而会让她更愤怒，她甚至会追着男生继续发脾气。

所以当女生的情绪特别激动的时候，男生要知道，这个愤怒情绪的底层逻辑肯定是自己让对方失望了。这个时候，男生先不要去解释，也不要去问"你怎么了，你怎么这样"，这些都不要问。

男生要做的就是去安抚她，然后真诚地道歉。

她可能是因为别人的问题才生气的，但是你也可以跟她说："宝贝，咱先不生气、不着急，好不好？是不是我哪句话说错了，我这个人就是不太会说话，但是我跟你说，

我肯定不是有意的。让你这么生气，我其实特别自责。咱不生气好不好？你能不能告诉我，我哪里做得不对……”

男生这样说了之后，如果他真有做得不对的地方，女生一般就会跟他讲：“哎，你就不应该那么说，我觉得你应该站在我的立场上……”这就是女生的逻辑。

不过，如果是男生情绪特别激动，我觉得女生比较好的应对方式就是让他静静。

因为如果继续说下去，女生也很容易生气，很可能两个人的情绪都变得很激动，最后就会无法收场。

其实男生解决愤怒情绪的时候，一般是自己咆哮，然后自己去反省。

所以这时，女生要给他空间，让他自己去调整，给他足够的安全感。

女生这时比较好的做法是暂时先离开男生，但是过一小会儿，比如半小时，可以给男生发个信息说：“宝贝，你情绪好些了吗？我给你买了 ×× 奶茶，我一会儿回家，咱们今天晚上去哪里吃饭？”

总之，就是等男生情绪平复了之后，再去解决问题。

我觉得这是男生和女生不一样的地方。

第二种情形是，当一方不停抱怨时，另一方该如何回话。

应对抱怨的方法其实比较简单。

> 我们对恋人抱怨和我们对身边朋友抱怨，本质上的诉求都是类似的，我们只是希望得到共情。
>
> 每个人都特别不喜欢被教育，大家都是成年人了，道理其实都是懂的，或者说每个人开口都能讲出一堆道理。但这些道理，对跟你抱怨的恋人来说，其实是没有安抚作用的。

举一个特别简单的例子，比如一个女生去外面吃饭，服务员上菜时不小心烫了她一下。

回来后，她可能就会跟男友抱怨说："这家火锅店的服务太差了，把我烫了之后，连一句道歉的话都没有，以后我们再也不去这家店了。"

这时，有些直男可能会想："你有必要跟他生气吗？再说，他把你烫伤了，也可能是因为你自己不小心吧？你干嘛老往上菜的位置坐？"

这种男生遇到女友抱怨时，会不自觉地要给她"上课"。这样女友就会感觉很不舒服，认为："我不要被教育，难道这些道理我不懂吗？"

其实，这时女生抱怨，想要的是一种共情。

男生如果这样回话，效果会更好："亲爱的，是哪一家店？你告诉我，我们去投诉。咱以后不去那家了，以后你去哪里吃饭，我都陪着你，我永远都贴着上菜口坐，从我这儿上菜。"

这样一说，女生很可能就会从抱怨变成开心了。因为她感觉到了男友在跟她共情，关心她。

所以，面对女生的抱怨，男生千万不要给她“上课”。因为当她抱怨的时候，她是有委屈的，男生要先解决她的情绪问题。

等她的这个委屈、抱怨的情绪过去了，在情绪平静的时候，男生再给她分析这件事，讲讲道理。

就好像一个人，如果她胃不舒服，你给她吃海鲜大餐是没有用的，而应该先给她喝点小米粥。这个情绪的安抚，其实就是小米粥，她的胃养好了之后，你再给她“上课”，她就可以吸收了。